Spanien

Kochen und verwöhnen mit Originalrezepten

PATATA
CABRILLAS
CAZON A LA MARINERA
RIÑONES AL JEREZ
SANGRE ENCEBOLLADA
SOLOMILLO A LA PIMIENTA
ACEDIA
PIJOTAS
BOQUERONES
MERO EN ADOBO
PUNTILLITAS
CHOCOS FRITOS
CALAMARES FRITOS
ORTIGUILLAS
TORTILLA DE CAMARONES
CROQUETA
POLLO FRI

Spanien

Kochen und verwöhnen mit Originalrezepten

Rezepte und Text: Margit Proebst

Foodfotos: Jörn Rynio

Üppige Vegetation im grünen Norden, schneebedeckte Gipfel in der Sierra Nevada, raue Atlantikküste und Mittelmeersandstrände – Spanien ist ein Land klimatischer Extreme und die Küche ein Spiegel der vielfältigen Landschaften.

INHALT

DIE REZEPTE

EXTRAS

¡Bienvenidos a España!

Vor 15 Jahren, als ich zum ersten Mal nach Andalusien kam, war ich fasziniert. Als ich später für einige Monate kreuz und quer durchs Land reiste, auf den Spuren vorromanischer Kunstdenkmäler, habe ich mich in dieses herrliche, weitläufige, vielfältige Land und seine Bewohner verliebt. Herzlichkeit, Offenheit, Neugier, spontane Hilfsbereitschaft, immer Zeit für ein Schwätzchen über das »Woher« und »Wohin«, Gespür für Tradition, Stolz auf die Region und ihre Spezialitäten – all das hat mein Herz im Sturm erobert und beschert mir Fernweh, wenn ich es nicht schaffe, wenigstens ein paar Tage im Jahr dort zu verbringen.

Geben Sie sich in Spanien als Liebhaber der spanischen Küche zu erkennen und es wird sich Ihnen eine Welt der kulinarischen Neuentdeckungen auftun. Im Nu kommt man in der Bar über die angebotenen *tapas* ins Gespräch, diskutiert über Rezepte und Gewürze, der Koch kommt hinzu, bringt, weil er sieht, da weiß jemand seine Kunst zu schätzen, neue Köstlichkeiten herbei und betrachtet mit glänzenden Augen seine genießenden Gäste. Abseits der Touristenpfade ist das keine Seltenheit. Sie meinen, das funktioniert nur, wenn man perfekt Spanisch spricht? Ach was! Zur Not verständigt man sich mit Händen und Füßen. Viel Vergnügen beim Nachkochen meiner Lieblingsrezepte, die Ihnen einen guten Grundstock geben werden für »Fachgespräche« auf Ihrer nächsten Spanienreise, und ¡Que aproveche! – guten Appetit!

Margit Proebst

Oben: *Tapas* – die kleinen, feinen Häppchen gibt es in fast jeder Bar, manchmal bis zu 40 verschiedene.
Unten links: Olivenbäume und Weinreben, so weit das Auge reicht – ein typisches Bild des Südens.
Unten rechts: Die langen Küsten Spaniens sorgen für ein reiches Angebot an Fisch und Meeresfrüchten.

Zu einem guten Essen gehört in Spanien auch das gesellige Beisammensein im Familien- und Freundeskreis.

FESTE

In Spanien wird gerne und ausgelassen gefeiert, jede Stadt, in größeren Städten sogar jeder Stadtteil, feiert zum Jahrestag ihres Schutzpatrons ein mehrtägiges Volksfest mit Umzügen und Rummelplatz. Dazu gibt es fast überall spezielles Gebäck oder Süßigkeiten.

Spanien lädt ein

Regionale Köstlichkeiten

So landschaftlich und klimatisch vielfältig wie die Regionen Spaniens, so unterschiedlich ist auch die Küche des Landes. Die Araber, die bis ins 15. Jahrhundert den Süden der Iberischen Halbinsel beherrschten, haben nicht nur in der Kunst und Architektur, sondern auch kulinarisch ihre Spuren hinterlassen. Durch ihr ausgeklügeltes Bewässerungssystem wurde es möglich, im regenarmen Andalusien Obst und Gemüse in großem Stil zu kultivieren. Al-Andalus, wie das maurische Spanien hieß, wurde zu einem fruchtbaren Garten. Orangen, Mandeln und Safran werden seither nicht nur für köstliche Desserts, sondern auch in pikanten Lamm-, Hähnchen- und Fischgerichten verwendet.

An der Levanteküste, der Gegend um Valencia und Alicante, wo immer ein leichtes Lüftchen vom Mittelmeer her weht, ist Reis das Grundnahrungsmittel, das in unzähligen Gerichten Verwendung findet, allen voran in der *paella* (Seite 83). In Katalonien, das sich im Norden anschließt, sind mit die kreativsten jungen Köche Europas am Werk. Neukastilien/La Mancha und Altkastilien/La Rioja im Landesinneren, wo man im Sommer mit brütender Hitze und im Winter mit extremen Minusgraden zu kämpfen hat, sind die Heimat der traditionellen Küche Spaniens mit deftigen kalten wie warmen Suppen,

Eintöpfen, Braten und geschmortem Gemüse und Hülsenfrüchten. Der *pisto manchego* (Seite 76) und die *callos a la madrileña* (Seite 75) sind die bekanntesten Gerichte.

In Aragón und Navarra, zu Füßen der Pyrenäen, wachsen die *pimientos del piquillo*, würzige rote Spitzpaprikaschoten, die in vielen Rezepten der Region zum Einsatz kommen. Im Baskenland und an der kantabrischen Küste im Norden werden die besten Fischgerichte zubereitet, auch hier gibt es einige ambitionierte junge Spitzenköche, so dass sich Bilbao mittlerweile zu einem Mekka für Feinschmecker entwickelt hat.

Das Klima in Galicien und Asturien ist durch den Atlantik bestimmt, es wechselt rasch und bringt viel Regen mit. Der grüne Norden ist gebirgig und von vielen klaren Bächen durchzogen, weshalb es dort reichlich Wild und Forellen gibt. Dazu werden an der galicischen Westküste die besten Muscheln gezüchtet und im Nordwesten, um La Coruña, ausgezeichneter Tunfisch und *pulpo* (Seite 92) gefangen.

Die Extremadura ist, wie der Name schon sagt, eine extrem harte Landschaft, in der jeden Sommer die höchsten Temperaturen Spaniens gemessen werden. In den ausgedehnten Kork- und Steineichenwäldern werden die schwarzen Schweine für den *jamón ibérico* (Seite 13) gezogen. Jabugo ist die feinste Adresse dafür.

Mallorca hat das milde Mittelmeerklima, das Urlauber besonders schätzen. Die Kanarischen Inseln sind durch subtropisches Klima mit milden Wintern und gemäßigten Sommern besonders begünstigt. Von dort beziehen wir z. B. Tomaten, Frühkartoffeln, Obst und Gemüse, wenn andernorts noch nichts reif ist. Der Tourismus hat einen gewissen Wohlstand gebracht, ursprünglich jedoch waren Teneriffa, Gran Canaria und die kleineren Inseln bäuerlich geprägt und recht arm, was sich in Speisen wie *ropa vieja* (Seite 72) und *papas arrugadas* mit *mojo* (Seite 52) widerspiegelt.

Menü zu später Stunde

Der Tag beginnt in Spanien etwas später als bei uns: Zum Frühstück *(desayuno)* gibt es zu Hause *café con leche* (Milchkaffee) und ein Stück Brot oder ein paar *madalenas* (Biskuitgebäck) oder in der Bar einen *café* und ein *crossant* (Croissant). An Festtagen isst man *churros* (Spritzgebackenes, Rezept Seite 146), die man in dickflüssige heiße *chocolate* tunkt – nicht nur Kinder lieben sie! Das Mittagessen *(almuerzo)* wird spät, zwischen 14 und 16 Uhr, eingenommen, was man entweder mit knurrendem Magen hinnimmt oder mit einem *bocadillo* (belegtem Brot, z. B. mit Tortilla) überbrückt. Abendessen *(cena)* gibt es ab 21 Uhr, die meisten Spanier essen zwischen 22 und 23 Uhr zu Abend.

Zwar sind mittlerweile auch Tellergerichte *(platos combinados)* mit Fleisch oder Fisch und Beilagen weit verbreitet, üblich ist aber auch im Alltag ein kleines Menü. Das kann aus ein paar Muscheln, einer Suppe oder einem Salat als Vorspeise bestehen, dann Fisch oder Fleisch mit Kartoffeln oder ein Reisgericht, schließlich ein Nachtisch, z. B. frische Früchte oder ein *flan*. Ein kleiner schwarzer *café* zum Abschluss passt immer.

Von der *tapas*-Bar ins Restaurant

Verabredet man sich abends zum Essen, trifft man sich zunächst in einer Bar, nimmt dort einen Aperitif und ein paar *tapas*, um dann nicht vor 21 Uhr ins Restaurant zu gehen. Jede Bar, die etwas auf sich hält, bietet ein paar spezielle *tapas* an, die ursprünglich als Dreingabe gratis zum Getränk serviert wurden. Das werden sie abseits der Touristenpfade auch heute noch zum Teil, aber man kann sie auch bestellen: als *pincho* (Miniportion mit Spießchen) oder als *ración* (etwas größer). Wer knapp bei Kasse ist, kann sich hier zum kleinen Preis an verschiedenen spanischen Köstlichkeiten erfreuen.

SILVESTERBRAUCH

In der Silvesternacht schaut um Mitternacht jeder Spanier (die meisten natürlich am Bildschirm) wie gebannt auf die Turmuhr der Puerta del Sol in Madrid: Mit jedem Glockenschlag muss eine Traube verspeist werden. Wer es schafft, hat im kommenden Jahr Glück!

6
5
1
3
2
4

Die wichtigsten Zutaten

Orangen, Mandeln und Safran kamen mit den Mauren, Paprikaschoten und Tomaten brachten die Eroberer aus der Neuen Welt nach Spanien.

1. Orangen *(naranjas)*

Schon seit maurischer Zeit werden in Spanien Orangen nicht nur für fruchtige Desserts wie Cremes und Sorbets verwendet, sondern auch als frisch-säuerliche Zutat in Saucen und Salaten geschätzt. Auf den Plantagen um Valencia und Alicante kann man sie fast ganzjährig ernten, denn der Orangenbaum ist der einzige Obstbaum, der gleichzeitig blüht und Früchte trägt. Gute Orangen habe eine pralle, duftende Schale. Schwere Früchte sind besonders saftig.

2. Mandeln *(almendras)*

Mandelbäume werden in ganz Andalusien kultiviert. Wie Orangen werden auch Mandeln sowohl für süße wie auch für pikante Gerichte maurischen Ursprungs verwendet. Auf Seite 16/17 erfahren Sie, wie man in Spanien Saucen mit der *picada*, einer im Mörser zerstoßenen Mischung aus Mandeln, Brot und Gewürzen, abrundet und sämig macht. Kaufen Sie die Mandeln möglichst in der inneren Schale und häuten Sie sie selbst (siehe Seite 16). Das enthaltene Mandelöl ist recht empfindlich und gehäutete oder gemahlene Mandeln verlieren rasch an Aroma.

3. Safran *(azafrán)*

Auf den Hochebenen Kastiliens wächst die besondere Krokusart, von der eines der teuersten Gewürze der Welt gewonnen wird: der Safran. Die Blüten werden von Hand geerntet, die drei leuchtend roten Staubgefäße im Inneren vorsichtig herausgelöst und anschließend schonend getrocknet. Das erklärt den Preis. Dafür genügt bereits eine winzige Menge davon, um Reis- und Eintopfgerichten eine schöne Farbe und ein unvergleichliches Aroma zu verleihen. Vorsicht vor vermeintlich preisgünstigem, gemahlenem Safran, er ist oft gestreckt!

4. Olivenöl *(aceite)*

In Spanien wird überwiegend mit Olivenöl gekocht, seltener mit Schweineschmalz oder Butter. Man unterscheidet drei Qualitätsstufen: *Aceite de oliva virgen extra* steht für bestes kaltgepresstes Öl der ersten Pressung mit einem Säuregrad von max. 2 % (optimal sind 0,8 %; siehe Etikettangabe); man verwendet es kalt für Salate, zum Einlegen von Gemüse etc. *Aceite de oliva virgen* ist gutes, kaltgepresstes Öl, *aceite de oliva* raffiniertes Olivenöl, das zum Kochen und Frittieren ausreicht.

5. Tomaten *(tomates)*

Neben Knoblauch und Zwiebeln zählen Tomaten zu den Zutaten, ohne die spanische Gerichte selten auskommen. In Suppen, Saucen, Eintöpfen, aber auch pur im Salat bringen sie Farbe und fruchtiges Aroma ins Spiel. Wenn bei uns kaum aromatische Tomaten zu bekommen sind, können Sie für viele Gerichte auf stückige Tomaten aus der Dose oder auf das spanische Fertigprodukt *Tomate frito* (siehe Bezugsadressen Seite 159) zurückgreifen.

6. Paprikaschoten *(pimientos)*

Wie die Tomaten- kam auch die Paprikapflanze »erst« mit den Spaniern aus Amerika nach Europa. Frisch oder getrocknet, in vielerlei Farben und Formen, sind Paprika heute aus der spanischen Küche nicht mehr wegzudenken. Besonders aromatisch sind *pimientos del piquillo*, eine rote Spitzpaprikasorte. Frisch sind sie bei uns schwer zu bekommen, für die Rezepte dieses Buches können Sie sie durch bereits gehäutete Schoten aus der Dose ersetzen (siehe Bezugsadressen Seite 159). *Ñoras*, pflaumengroße, getrocknete Schoten mit süß-scharfem Aroma, werden ebenfalls kaum importiert. Sie sind am besten durch edelsüßes Paprikapulver zu ersetzen.

5
2
4
3
1

Schinken, Wurst und Käse

Die beliebtesten spanischen *tapas* sind luftgetrockneter Schinken, scharf gewürzte *chorizo* und reifer *manchego*. Ein Gläschen Wein, ein paar Oliven und knuspriges Weißbrot dazu – was gibt es Besseres?

1. Jamón ibérico

Schinken aus Jabugo oder Bellota – damit entlocken Sie jedem Spanier ein verzücktes Lächeln. Warum der luftgetrocknete Schinken so begehrt ist und zu horrenden Preisen gehandelt wird, hat verschiedene Gründe: Er wird von schwarzen Schweinen (einer besonderen iberischen Rasse) gewonnen, die im Freien in Stein- und Korkeichenwäldchen gehalten werden und dort wenigstens drei Monate lang ausschließlich Eicheln zu fressen bekommen, was dem Fleisch das bei Kennern so sehr geschätzte Aroma verleiht. Die Keulen werden von Hand gesalzen und anschließend bis zu 36 Monate luftgetrocknet. Wurde Mais zugefüttert, dann muss dies auf dem Schinken vermerkt sein *(de rebeco)*. Nicht ganz so wertvoller Schinken aus reiner Getreidefütterung trägt die Bezeichnung *de pienso*.

Pata negra (dt. schwarze Pfote) besagt nichts über die Fütterung, es ist einfach Schinken von schwarzen Schweinen, was immerhin schon für eine ausgezeichnete Qualität bürgt. *Jamón serrano* (dt. Bergschinken) schließlich ist die preiswertere Variante, so heißt jeder in der klaren Bergluft der *Sierra nevada* oder der *Sierra morena* getrocknete Schinken aus den Keulen weißer Schweine. Die Qualität ist je nach Fleisch und Reifezeit unterschiedlich, einfacher Schinken wird häufig zum Kochen verwendet. *Jamón ibérico* ist der Klassiker unter den *tapas* und ein besonderer Blickfang in jeder Bar. Die ganze Keule wird in eine *jamonera*, eine Art Schraubzwinge, eingespannt; die Scheiben werden mit einem speziellen Messer per Hand hauchdünn vom Knochen geschnitten. Und zwar immer nur so viele, wie sofort verzehrt werden, denn einen solch edlen *jamón* im Kühlschrank zu lagern, ist für Kenner eine Todsünde! Um den Schinken zu schützen, reicht es, ihn mit einem sauberen Küchentuch abzudecken. Wer sich dafür interessiert, bekommt alles Nötige bei www.jamon.de.

2. Lomo

Für luftgetrockneten *lomo* wird die ausgelöste, von Fett befreite Schweinelende gesalzen und wie Schinken hängend getrocknet. Er wird gerne in dünnen Scheiben als *tapa* serviert und als Brötchenbelag oder aromatische Beigabe für Gemüse- und Eiergerichte verwendet.

3. Chorizo

Chorizo ist eine beliebte luftgetrocknete Wurst, die herzhaft mit Paprika und Knoblauch gewürzt ist. Frische Sorten werden für Eintöpfe und Pfannengerichte verwendet (z. B. *patatas a la riojana*, Seite 72), länger gereifte *chorizo* wird in Scheiben geschnitten als *tapa* gegessen.

4. Morcilla

Morcilla ist eine Blutwurst, die Reis und Zwiebeln enthält und meist mit Oregano gewürzt ist. Die geräucherte Variante (eine ausgezeichnete wird in Asturien hergestellt) kommt in Suppen und Eintöpfe; die mit Pinienkernen, Zimt und Nelken leicht süß abgeschmeckte *morcilla dulce* wird in Scheiben geschnitten, leicht angebraten und auf Weißbrotscheiben als *tapa* serviert.

5. Queso manchego

Manchego-Käse ist der bekannteste unter den spanischen Käsesorten, von denen es hierzulande noch nicht allzu viele zu kaufen gibt. Er wird aus Schafmilch (von den Schafen, die in großen Herden in der Region La Mancha grasen) hergestellt und schmeckt je nach Reifegrad unterschiedlich: Junger *manchego (semicurado)* ist schnittfest, aber weich und mild, länger gereifter *(curado)* ist etwas härter und intensiver im Geschmack, alter *manchego (añejo)* schmeckt ausgesprochen würzig. Käse dient wie bei uns als Brotbelag oder wird, in feine Scheiben gehobelt, mit Oliven oder *membrillo* (Quittenpaste; siehe Seite 160) als *tapa* serviert (siehe auch Rezepte Seite 22).

Kochen a la española

Um eine *paella* zuzubereiten, brauchen Sie eine *paella*-Pfanne, alle anderen Kochutensilien können Sie auch durch in Ihrem Haushalt vermutlich ohnehin vorhandene Dinge ersetzen.

Paella-Pfanne (*paella* oder *paellera*, Foto links)
Eine *paella* (Seite 83) gelingt am besten in der typischen Pfanne mit abgeschrägten Seitenwänden und Henkeln. *Paelleras* für 4–6 Personen bekommen Sie für wenig Geld im Haushaltswarengeschäft (oder über die Bezugsadressen Seite 159); fürs Sommerfest im Freien können Sie eine entsprechend große Pfanne mit Kocher beim Partyservice ausleihen.

Mörser (*almirez* oder *mortero*)
Im Mörser aus Stein werden in Spanien nicht nur Mandeln, Gewürze und Brot für die *picada* (siehe Seite 16/17) zerkleinert und zerstampft, sondern auch Mayonnaisen und Saucen zubereitet. Als Ersatz können Sie für die *picada* den Blitzhacker, für Saucen und Mayonnaisen den Mixer oder Pürierstab verwenden.

Tontopf mit Deckel *(cazuela)*
In dem Schmortopf aus glasiertem Ton verteilt sich die Hitze sehr gleichmäßig, dadurch wird auch empfindliches Schmorgut zart und saftig. Früher wurden die Gerichte zu Hause vorbereitet und dann darin zum Dorfbackofen gebracht. Als Ersatz dient ein Schmortopf aus Metall.

Tonschälchen (*cazuelas* oder *cazuelitas*)
Cazuelitas zaubern echtes spanisches Flair auf Ihren Tisch. Wer (noch) keine besitzt, kann die Gerichte natürlich auch in anderen feuerfesten Formen zubereiten oder sie sich bestellen (Bezugsadressen Seite 159). Vor dem ersten Gebrauch sollten Sie die Schälchen in Salzwasser auskochen (ist auch für die *cazuela* empfehlenswert); dadurch werden sie widerstandsfähig und stoßfest.

Grillplatte *(plancha)*
In jeder spanischen Bar, und sei sie noch so klein, gibt es eine *plancha*, auf der Toast geröstet, Eier gebraten, Gemüse, Fisch und Fleisch gegrillt werden. Als Ersatz verwenden Sie eine Eisenpfanne, die, damit nichts anklebt, guter Pflege bedarf: Nach Gebrauch mit wenig Spülmittel und weichem Schwamm reinigen und mit Öl ausreiben.

1. In einem Mörser lassen sich Brot, Mandeln und Gewürze für die Sauce am besten zerkleinern.

2. In der *cazuela* verteilt sich die Hitze schön gleichmäßig, empfindliches Schmorgut wird darin zart und saftig.

3. In *cazuelitas* werden z. B. Garnelen in Knoblauchöl (Seite 28) gegart und warme *tapas* stilecht serviert.

4. *A la plancha*, auf der Grillfläche, werden eine Vielzahl beliebter spanischer Gerichte zubereitet.

Typische Handgriffe und Kochtechniken

Für die *picada* brauchen Sie nur etwas Muskelkraft, für den *sofrito* ein bisschen Zeit – alles Weitere ist ganz einfach.

MANDELN HÄUTEN

1 In einem Topf Wasser zum Kochen bringen, die Mandeln hineinschütten und bei schwacher Hitze 1 Min. ziehen lassen.

2 Die Mandeln in ein Sieb abgießen und kurz abkühlen lassen.

3 Jede Mandel zwischen zwei Finger nehmen und aus der Haut drücken. Auf einem Küchentuch trocknen lassen.

SOFRITO ZUBEREITEN

1 Gehackte Zwiebeln und Knoblauchzehen in Öl goldgelb anbraten.

2 Paprikastücke, Tomatenwürfel und Gewürze hinzufügen und etwas Wasser angießen.

3 Bei schwacher Hitze 10–15 Min. leise kochen lassen, gelegentlich umrühren und bei Bedarf etwas Wasser nachgießen.

PICADA ZUBEREITEN

1 Die gehäuteten Mandeln nach Belieben rösten, grob hacken und in den Mörser geben.

2 Den Knoblauch schälen, nach Belieben grob zerkleinern. Mit den übrigen Gewürzen dazugeben und fein zerstoßen.

3 2–3 EL Flüssigkeit dazugeben und weitermörsern, bis eine cremige Masse entsteht.

KÜCHENGEHEIMNIS

Für viele spanische Gerichte werden gegrillte und gehäutete Paprikaschoten verwendet. Aber wie kriegt man bloß die Haut ab? Spanische Hausfrauen haben dafür einen einfachen Trick: Zunächst den Backofen auf 220° vorheizen. Die Schoten waschen und auf einem geölten Backblech verteilen. Im heißen Backofen (oben, Grill) 8–12 Min. grillen, dabei einmal wenden. Sobald die Haut schwarze Blasen wirft, sind die Paprikaschoten fertig. Die heißen Schoten in einen hitzebeständigen Vorratsbeutel füllen, verschließen und darin lauwarm abkühlen lassen. Durch den Dampf, der sich im Beutel bildet, löst sich die Haut anschließend wie von selbst. Wer keine Lust hat, z. B. für einen *sofrito* (siehe unten) extra Paprikaschoten zu grillen und zu häuten, kann auf eingelegte aus dem Glas oder aus der Dose (siehe Bezugsadressen Seite 159) zurückgreifen.

Beim Grillen entfalten die Schoten ein herrliches Aroma.

TIPP!

Im Rezept werden gehäutete und entkernte Tomaten verlangt? Nicht stöhnen, so geht's ganz einfach: Die Tomaten kreuzweise einritzen, mit kochendem Wasser überbrühen und die Haut abziehen. Die Tomaten halbieren und mit beiden Daumen die Kerne – gleich über dem Abfalleimer, so bleibt die Arbeitsfläche sauber – herausdrücken. Dann die Hälften nach Belieben klein schneiden und dabei den Stielansatz entfernen.

Tomaten häuten und entkernen leicht gemacht.

Schmorgerichte und Saucen

Spanien ist berühmt für seine Eintöpfe und Schmorgerichte. Spanische Hausfrauen setzen dafür den sog. *sofrito* an, eine Basis aus Zwiebeln und Knoblauch, gehäuteten Paprikaschoten und/oder Tomaten, Paprikapulver oder anderen Gewürzen und Kräutern. Bevor Kartoffeln und Gemüse, Fleisch oder Fisch eingelegt werden, schmort der *sofrito* 10–15 Min. sanft vor sich hin. Je nach Gericht wird der *sofrito* etwas abgewandelt. Hier ein Grundrezept, auf den Bildern links (Mitte) sehen Sie, wie's geht: 3 Zwiebeln und 3 Knoblauchzehen schälen und hacken. 100 ml Öl erhitzen und Zwiebeln und Knoblauch darin bei mittlerer Hitze in 5 Min. goldgelb anbraten. 1 gehäutete und in Stücke geschnittene rote Paprikaschote (siehe oben), 2 gehäutete, entkernte Tomaten in Würfeln (siehe Tipp rechts) und je 1 TL edelsüßes und rosenscharfes Paprikapulver hinzufügen und 2 Min. mitbraten. 2–3 EL Wasser dazugeben und halb zugedeckt bei schwacher Hitze schmoren, gelegentlich umrühren und bei Bedarf etwas Wasser nachgießen.

Die Mauren haben der spanischen Küche eine sehr feine Methode zum Saucenbinden und -andicken hinterlassen, nämlich mit der sog. *picada* (dt. Gehacktes). Dafür wird im Mörser aus Mandeln, Knoblauch, Brot, Gewürzen und etwas Flüssigkeit eine feine Masse hergestellt. Für eine Mandel-Orangen-Sauce z. B., die in Andalusien gerne zu Fisch, aber auch zu Hähnchen- und Schweinefleisch serviert wird, werden 10 gehäutete, grob gehackte Mandeln, 1 geschälte Knoblauchzehe, 1/4 TL Kreuzkümmelsamen und je 1 Prise Salz und Cayennepfeffer im Mörser fein zerstoßen, mit 2–3 EL Orangensaft angerührt und für die letzten 2–3 Min. unter die Sauce gerührt (siehe Bilder links unten).

Garvey
JEREZ
FUNDADA EN 1780
DE MESA

Tapas

Feine Kleinigkeiten aus allen Regionen Spaniens

Zum *aperitivo* wird in Spanien immer eine kleine Knabberei wie Oliven, Kartoffelchips oder geröstete Mandeln gereicht.

FÜR ANFÄNGER
SÜSS UND SCHARF
AUS SEVILLA

ZUBEREITUNG: 10 Min.
PRO PORTION CA.: 445 kcal

FÜR 4 PERSONEN:

2 EL Olivenöl
250 g gehäutete Mandeln (s. S. 16)
2 EL Zucker | 1/2 TL Salz
3 getrocknete Chilischoten

Pikante Mandeln

ALMENDRAS PICANTES

1. Das Öl in eine Pfanne geben und auf mittlere Hitze erwärmen. Die Mandeln, den Zucker und das Salz hinzufügen, unter gelegentlichem Rütteln 5 Min. rösten und karamellisieren.

2. Die Chilischoten über die Mandeln bröseln, untermischen und 1 Min. weiterrösten. Vom Herd nehmen und abkühlen lassen. In ein Schälchen füllen und als Knabberei zum Aperitif reichen.

GETRÄNK: Sherry *(fino)* oder Bier

VARIANTE: Für geröstete Salzmandeln *(almendras tostadas)* die gehäuteten Mandeln 3–4 Min. in der Pfanne in 1 EL Olivenöl rösten und mit Meersalz und 1 Prise edelsüßem Paprikapulver würzen.

FÜR ANFÄNGER
FRUCHTIG-PIKANT
AUS ANDALUSIEN

ZUBEREITUNG: 20 Min.
PRO STÜCK CA.: 65 kcal

FÜR 24 STÜCK:

24 gehäutete Mandeln (s. S. 16)
24 frische Datteln (wahlweise getrocknete Datteln)
12 Streifen Frühstücksspeck (Bacon; etwa 120 g)
1 EL Olivenöl
4 EL Sherry (*medium*; nach Belieben)
Pfeffer, frisch gemahlen

Außerdem:

Holzspießchen

Speckdatteln

DÁTILES CON TOCINO

1. Die Mandeln bei schwacher Hitze in einer Pfanne ohne Fett unter Rühren goldbraun rösten. Vom Herd nehmen und abkühlen lassen.

2. Die Datteln nach Belieben häuten (bei getrockneten nicht nötig) und längs aufschneiden. Den Kern entfernen und durch eine geröstete Mandel ersetzen.

3. Die Speckstreifen quer halbieren. Jede gefüllte Dattel mit 1/2 Streifen umwickeln und mit einem Holzspießchen feststecken. Das Olivenöl in einer Pfanne erhitzen, die Speckdatteln hineingeben und bei schwacher Hitze in etwa 3 Min. rundum knusprig ausbraten.

4. Wenn kein Sherry verwendet werden soll, die Speckdatteln herausheben und auf Küchenpapier entfetten. Sonst den Sherry in die Pfanne gießen und unter Rütteln verdampfen lassen. Etwas Pfeffer darüber mahlen.

GARNIEREN: Zum Servieren auf kleine Teller verteilen und mit neuen Spießchen versehen.

GETRÄNK: Sherry (*fino* oder *medium*)

VARIANTEN: Statt Datteln schmecken auch weiche Trockenpflaumen oder -aprikosen. Sie können die Früchte auch – mit Mandeln gefüllt oder ungefüllt – mit Serranoschinken (Seite 13) umwickeln.

FÜR ANFÄNGER
KNUSPRIG
AUS KATALONIEN

ZUBEREITUNG: 10 Min.
PRO PORTION CA.: 155 kcal

FÜR 4 PERSONEN:

4 große Scheiben spanisches Weißbrot (ersatzweise Ciabatta)
2 Knoblauchzehen
2 reife Strauchtomaten
4 TL bestes Olivenöl
Salz

Tomaten-Knoblauch-Brot

PAN CON AJO Y TOMATE

1. Die Brotscheiben auf dem Blech im Backofen bei 100° (Mitte, Umluft 90°) oder im Toaster auf beiden Seiten knusprig, aber nicht braun rösten. Die Knoblauchzehen schälen, halbieren und die gerösteten Brotscheiben damit einreiben.

2. Die Tomaten quer halbieren und die Brote mit den Schnittflächen kräftig einreiben, so dass das aromatische Fruchtfleisch gut in das Brot eindringt. Mit je 1 TL Olivenöl beträufeln und leicht salzen.

GETRÄNK: Bier

VARIANTE: Wer mag, belegt die Tomaten-Knoblauch-Brote noch mit je 1 Scheibe Serranoschinken (Seite 13). Salzen ist dann nicht nötig.

Der berühmte *manchego*-Käse gibt diesen beiden Rezepten seine unverwechselbare Würze.

FÜR GEÜBTE
PIKANT
FÜR PARTYS

ZUBEREITUNG: 45 Min.
KÜHLEN: 1 Std.
BACKEN: 15 Min.
PRO STÜCK CA.: 62 kcal

FÜR 20 STÜCK:

140 g Mehl
50 g reifer *manchego*-Käse (S. 13)
1 Ei
Salz | Cayennepfeffer
50 g kalte Butter
20 große, mit Paprika gefüllte Oliven (aus dem Glas)

Außerdem:

Mehl für die Arbeitsfläche

Gefüllte Oliven im Teigmantel

ACEITUNAS A LA GABARDINA

1. Das Mehl auf die Arbeitsfläche sieben. Den Käse fein dazuraspeln. Eine Mulde formen, das Ei und je 1 Prise Salz und Cayennepfeffer dazugeben. Die Butter in kleine Würfel schneiden, ebenfalls dazugeben und alles schnell zu einem glatten Teig verkneten. Den Teig zu einer Kugel formen und in Frischhaltefolie gewickelt 1 Std. in den Kühlschrank legen.

2. Die Oliven in ein Sieb abgießen, abtropfen lassen und mit Küchenpapier trockentupfen.

3. Den Backofen auf 180° vorheizen. Ein Blech mit Backpapier belegen. Den Teig auf der bemehlten Arbeitsfläche zu einer Rolle formen und in 20 gleich große Portionen teilen. Aus den Teigstücken kleine Kreise formen, jeweils 1 Olive darauf legen und mit dem Teig umhüllen. Die Teigbällchen mit etwas Abstand auf das Backblech setzen.

4. Die Oliven im Teigmantel im heißen Ofen (Mitte, Umluft 160°) in 12–15 Min. goldbraun backen. Herausnehmen, abkühlen lassen und nach Belieben lauwarm oder kalt servieren.

GARNIEREN: Mit Holzspießchen versehen und in Glas- oder Keramikschälchen verteilen.

GETRÄNK: Cava (spanischer Sekt) oder Sherry *(fino)*

FÜR GEÜBTE
PIKANT
AUS KASTILIEN/LA MANCHA

ZUBEREITUNG: 30 Min.
PRO PORTION CA.: 625 kcal

FÜR 4 PERSONEN:

400 g *manchego*-Käse (S. 13)
2 Eier
Pfeffer
150 g Semmelbrösel
120 g *membrillo* (s. Tipp)

Außerdem:

neutrales Pflanzenöl zum Ausbacken
Holzspießchen

Manchego-Würfel mit Membrillo

QUESO MANCHEGO FRITO CON MEMBRILLO

1. Den *manchego*-Käse in etwa 2 cm große Würfel schneiden. Die Eier in einer flachen Form verquirlen und leicht pfeffern. In einer zweiten Form die Semmelbrösel bereitstellen.

2. Die Käsewürfel portionsweise erst im verquirlten Ei wenden, dann mit einer Gabel in die Semmelbrösel heben und darin wenden. Die Panade mit den Fingern andrücken und den gesamten Paniervorgang noch einmal wiederholen.

3. In einer Pfanne mit hohem Rand (oder in einem breiten Topf) 2 cm hoch Öl erhitzen. Die Käsewürfel darin portionsweise in 3–4 Min. goldbraun ausbacken. Mit einem Schaumlöffel herausheben, gut abtropfen lassen und auf vier Tellerchen verteilen.

4. Den *membrillo* in kleine Würfelchen schneiden. Je 1 Würfelchen mit einem Spießchen auf die ausgebackenen Käsewürfel stecken und sofort servieren.

GETRÄNK: kräftiger Rotwein

VARIANTE: Auf Menorca bereitet man *mahón*-Käse, einen würzigen Hartkäse, auf diese Weise zu und bestreut die Käsewürfel noch warm mit frisch gehackter Petersilie.

TIPP!

Die fruchtige Süße des *membrillo*, einer schnittfesten Quittenpaste (siehe Bezugsadressen Seite 159), passt sehr gut zu reifen, würzigen Käsesorten. Falls Sie ihn nicht bekommen, verrühren sie 150 g Quittengelee mit 2 EL trockenem Weißwein und reichen dies als Dip zu den *manchego*-Würfeln.

FÜR GEÜBTE
FRISCH-SÄUERLICH
AUS GALICIEN

ZUBEREITUNG: 40 Min.
MARINIEREN: 2 Std.
PRO PORTION CA.: 180 kcal

FÜR 4 PERSONEN:

$1^1/_2$ kg große Miesmuscheln (s. Tipp unten)
3 reife Tomaten
1 Bund Frühlingszwiebeln
2 Stängel Petersilie
4 EL Weißweinessig
6 EL Olivenöl
Salz | Pfeffer

Außerdem:

1 Topf mit Dämpfeinsatz

Muscheln mit Tomaten-Vinaigrette

MEJILLONES CON VINAGRETA DE TOMATE

1. Die Muscheln abbürsten und gründlich waschen, eventuell entbarten. In einem Topf mit Dämpfeinsatz 5 cm hoch Wasser zum Kochen bringen. Die Muscheln darin zugedeckt (eventuell portionsweise) bei starker Hitze 4–5 Min. garen, dabei den Topf gelegentlich rütteln. Herausnehmen und abkühlen lassen.

2. Die Tomaten kreuzweise einritzen, überbrühen, häuten und entkernen (siehe Tipp Seite 17). Das Fruchtfleisch in kleine Würfel schneiden, dabei die Stielansätze entfernen. Die Frühlingszwiebeln putzen, waschen und mit dem zarten Grün klein schneiden. Die Petersilie waschen und trockenschütteln, die Blätter fein hacken.

3. Tomaten, Frühlingszwiebeln und Petersilie in einer Schüssel mit dem Essig und Olivenöl vermischen, salzen und pfeffern.

4. Von den Muscheln die obere Muschelschale entfernen. Die Schalenhälften mit dem Muschelfleisch nebeneinander auf einer Platte anrichten. Die Tomatenmischung über die Muscheln verteilen. Die Platte mit Frischhaltefolie abdecken und 2 Std. in den Kühlschrank stellen. 20 Min. vor dem Servieren herausnehmen, damit die Muscheln nicht zu kalt sind.

GETRÄNK: Weißwein, z. B. Albariño

VARIANTE: Statt Essig können Sie auch Zitronensaft verwenden.

FÜR GEÜBTE
PIKANT
AUS GALICIEN

ZUBEREITUNG: 1 Std.
PRO PORTION CA.: 375 kcal

FÜR 4 PERSONEN:

20 große Miesmuscheln (s. Tipp)
$^1/_4$ l trockener Weißwein
Salz
1 Lorbeerblatt
$^1/_2$ TL Pfefferkörner
50 g Butter
2 EL Mehl
1 EL frisch gehackte Petersilie
Muskatnuss, frisch gerieben
Tabasco (ersatzweise 1 Msp. Sambal oelek)
2 Eier
100 g Semmelbrösel

Außerdem:

neutrales Pflanzenöl zum Ausbacken

Frittierte Muscheln

MEJILLONES TIGRES

1. Die Muscheln unter fließendem kaltem Wasser abbürsten und gründlich waschen, eventuell entbarten. Den Weißwein mit $^1/_4$ l Wasser zum Kochen bringen, salzen, das Lorbeerblatt und die Pfefferkörner hinzufügen. Die Muscheln darin zugedeckt bei mittlerer Hitze 4–5 Min. garen, dabei den Topf gelegentlich rütteln.

2. Die Muscheln durch ein Sieb abgießen, dabei den Sud auffangen. Das Muschelfleisch aus den offenen Schalen lösen und sehr fein hacken. Schalen auseinander brechen, 20 Hälften zum Füllen beiseite legen.

3. Den Muschelsud durch eine Filtertüte (oder ein Haarsieb) in einen Messbecher mit Schnabel füllen. Die Butter in einem Topf bei mittlerer Hitze schmelzen, das Mehl hinzufügen und unter ständigem Rühren mit dem Schneebesen goldgelb werden lassen. Nach und nach den Muschelsud dazugießen und unter Rühren 15–20 Min. sämig einkochen lassen. Muschelfleisch und Petersilie unterrühren. Die Masse mit Muskat und 1 Spritzer Tabasco würzig abschmecken und abkühlen lassen. Mit einem Teelöffel in die Schalen füllen.

4. Die Eier in einem tiefen Teller verquirlen. Die Semmelbrösel auf einen zweiten Teller geben. Die Muscheln erst durch das Ei ziehen, dann in den Bröseln wenden. In einer Pfanne mit hohem Rand 1 cm hoch Öl erhitzen. Die Muscheln portionsweise mit der Schale nach unten in das heiße Fett geben und 3–4 Min. ausbacken, dabei einmal vorsichtig wenden. Herausheben und auf Küchenpapier abtropfen lassen.

GETRÄNK: Weißwein, z. B. Ribeiro

TIPP!

Kaufen Sie lieber ein paar Muscheln mehr ein, da manche Exemplare beim Kochen nicht aufgehen. Bereits vor der Zubereitung gilt: Offene Muscheln, deren Schalen sich auf leichtes Zusammendrücken oder Klopfen nicht langsam schließen, aussortieren und wegwerfen, sie könnten verdorben sein.

Almejas werden überall entlang der spanischen Küsten als feine *tapa* angeboten und mit dem Weißwein der Region zubereitet.

FÜR ANFÄNGER
AROMATISCH
KLASSIKER

Venusmuscheln in Weißwein

ALMEJAS A LA MARINERA

ZUBEREITUNG: 40 Min.
BEI 6 PERSONEN PRO PORTION CA.: 160 kcal

FÜR 4–6 PERSONEN:

1 kg Venusmuscheln (s. Tipp S. 24)
2 Knoblauchzehen
1 Scheibe altbackenes Weißbrot (etwa 40 g)
1/4 l trockener Weißwein
1 Bund Petersilie
6 EL Olivenöl
Salz (nach Belieben)

1. Die Muscheln unter fließendem kaltem Wasser gründlich waschen. Beschädigte Muscheln aussortieren und wegwerfen, die übrigen in einem Sieb abtropfen lassen. Den Knoblauch schälen und fein hacken. Das Brot entrinden und im Mörser mit 4 EL Wein fein zerreiben. Die Petersilie waschen und trockenschütteln, die Blätter fein schneiden.

2. Das Öl in einer Kasserolle oder einer Pfanne mit hohem Rand erhitzen, den Knoblauch darin goldbraun anbraten. Die Muscheln hinzufügen und bei mittlerer Hitze 2 Min. sautieren, d. h. unter regelmäßigem Schwenken garen.

3. Die Brotmischung dazugeben und den restlichen Wein angießen. Zugedeckt bei schwacher Hitze 5–6 Min. leise kochen lassen, bis die Sauce leicht andickt, dabei gelegentlich rütteln. Eventuell salzen. Zum Schluss die Petersilie untermischen. Mit knusprigem Weißbrot servieren.

GETRÄNK: Weißwein, z. B. Albariño

VARIANTE: Diese Zubereitungsart bringt meiner Meinung nach das zarte Aroma der Venusmuschel besonders gut zur Geltung. Aber auch die andalusische Variante schmeckt fein: Je 1 fein gehackte Zwiebel und Knoblauchzehe in 4 EL Olivenöl anbraten. 1 gehäutete, entkernte Tomate in Würfeln, 6 in 1 EL warmem Wasser eingeweichte Safranfäden und 1 EL frisch gehackte Petersilie dazugeben. 100 ml Sherry *(fino)* angießen und die Venusmuscheln darin unter gelegentlichem Schwenken etwa 5 Min. garen. Eventuell salzen. Mit gerösteten Brotscheiben servieren.

FÜR GEÜBTE
EDEL
AUS GALICIEN

Gratinierte Jakobsmuscheln

VIEIRAS GRATINADAS

ZUBEREITUNG: 20 Min.
PRO PORTION CA.: 160 kcal

FÜR 4 PERSONEN:

1 Knoblauchzehe
2 Schalotten
4 EL Olivenöl
8 ausgelöste Jakobsmuscheln (s. Tipp)
Muskatnuss, frisch gerieben
Pfeffer, frisch gemahlen
4 TL Semmelbrösel
Pfeffer

Außerdem:

4 Jakobsmuschelschalen

1. Den Knoblauch und die Schalotten schälen und sehr fein hacken. Den Ofen auf 220° vorheizen.

2. In einer kleinen Pfanne, in der die Muscheln gerade nebeneinander Platz haben, 2 EL Öl erhitzen. Den Knoblauch und die Schalotten darin goldgelb anbraten. Das Muschelfleisch hinzufügen und bei schwacher Hitze von jeder Seite 2 Min. braten.

3. Jeweils 2 Muscheln in eine Schale setzen, mit je 1 kleinen Prise Muskat und etwas Pfeffer würzen. Mit je 1 TL Semmelbrösel bestreuen, mit dem restlichen Öl beträufeln. Auf ein Blech setzen und im heißen Ofen (oben, Grill) 3–4 Min. grillen.

GETRÄNK: Weißwein, z. B. Albariño

VARIANTE: Jakobsmuscheln vertragen sich auch gut mit Pilzen: 1 Knoblauchzehe und 1 Schalotte schälen und fein hacken. 150 g Champignons putzen, trocken abreiben und hacken. 20 g Butter erhitzen, erst den Knoblauch und die Schalotte, dann die Pilze darin braten, bis alle Flüssigkeit verdampft ist. 1 gehäutete, entkernte reife Tomate klein würfeln. Mit 1 EL frisch gehackter Petersilie untermischen, salzen und pfeffern. 8 ausgelöste Jakobsmuscheln in 30 g Butter von jeder Seite 2 Min. sanft braten. Je 2 Muscheln in eine Schale setzen und etwas Pilz-Tomaten-Mischung darauf verteilen. Die Muscheln auf ein Blech geben und im heißen Ofen bei 200° (Mitte, Umluft 180°) etwa 10 Min. überbacken.

TIPP!

Kaufen Sie das Jakobsmuschelfleisch am besten frisch ausgelöst beim Fischhändler und lassen Sie sich die leeren Schalen zum Gratinieren mitgeben.

Es gibt in Spanien viele Garnelenrezepte, hier zwei beliebte Klassiker. Welche Größe – von Cocktailshrimps bis Riesengarnelen – Sie verwenden, hängt von Ihrem Geldbeutel ab.

FÜR GEÜBTE
KNUSPRIG
FÜR GÄSTE

ZUBEREITUNG: 35 Min.
PRO PORTION CA.: 280 kcal

FÜR 4 PERSONEN:

100 g Mehl
Salz
1 Msp. gemahlener Safran (nach Belieben)
150 ml Bier (ersatzweise 100 ml Milch + 3 EL Mineralwasser)
500 g mittelgroße bis große ungeschälte rohe Garnelen ohne Kopf (oder 400 g küchenfertig geschälte Garnelen mit Schwanzflosse)

Außerdem:

neutrales Pflanzenöl zum Frittieren

Garnelen im Bierteig

GAMBAS EN GABARDINA

1. Das Mehl in eine Schüssel sieben. 1 Prise Salz und nach Belieben den Safran hinzufügen. Nach und nach das Bier dazugießen und alles mit dem Schneebesen zu einem dickflüssigen Teig verrühren. Zugedeckt 10 Min. ruhen lassen.

2. Inzwischen die Garnelen schälen. Dazu jede Garnele in beide Hände nehmen, den Panzer in der Mitte mit einer Drehbewegung knacken und von der Bauchseite her abschälen, dabei die Schwanzflosse festhalten, damit sie erhalten bleibt, und den restlichen Panzer ablösen. Die Garnelen jeweils längs am Rücken mit einem spitzen Messer einschneiden und den schwarzen Darmfaden entfernen. Die geschälten Garnelen kalt abspülen und mit Küchenpapier sorgfältig trockentupfen.

3. In der Fritteuse oder einem breiten Topf reichlich Öl zum Frittieren erhitzen. Es ist heiß genug, wenn an einem Holzlöffelstiel, den Sie hineinhalten, Bläschen aufsteigen.

4. Den Teig noch einmal mit dem Schneebesen durchrühren. Die Garnelen jeweils an der Schwanzflosse nehmen, durch den Teig ziehen und im heißen Öl in etwa 2 Min. goldbraun frittieren. Mit einem Schaumlöffel herausheben und auf Küchenpapier entfetten. Dazu schmeckt *all-i-oli* (Seite 88).

GARNIEREN: mit Zitronenschnitzen

GETRÄNK: Bier

TIPP!

Legen Sie immer nur 5–6 Garnelen gleichzeitig ins Öl, damit es nicht zu sehr abkühlt. So werden die frittierten Garnelen schön knusprig und der Teig nimmt nicht zu viel Fett auf.

FÜR ANFÄNGER
SCHARF
KLASSIKER

ZUBEREITUNG: 30 Min.
PRO PORTION CA.: 270 kcal

FÜR 4 PERSONEN:

8 EL Olivenöl
1 rote Chilischote
4 Knoblauchzehen
500 g kleine bis mittelgroße ungeschälte rohe Garnelen ohne Kopf (oder 400 g küchenfertig geschälte Garnelen)
Salz
4 TL Zitronensaft
1 EL frisch gehackte Petersilie

Außerdem:

4 *cazuelitas* (Tonschälchen, S. 15; ersatzweise andere feuerfeste Förmchen)

Garnelen in Knoblauchöl

GAMBAS AL AJILLO

1. In jede *cazuelita* 2 EL Olivenöl geben. Die Chilischote waschen, putzen und in feine Ringe schneiden. (Wer es nicht allzu scharf mag, entfernt die Kerne und die weißen Häutchen, denn in ihnen steckt ein Großteil der Schärfe.) Den Knoblauch schälen und in dünne Scheiben schneiden. Die Chilischote und den Knoblauch in die *cazuelitas* verteilen.

2. Die Garnelen schälen (siehe Rezept oben, Step 2) und eventuell den schwarzen Darmfaden entfernen. Die geschälten Garnelen kalt abspülen und mit Küchenpapier trockentupfen. Die *cazuelitas* auf einem Blech in den kalten Backofen stellen (Mitte). Den Backofen auf 200° (keine Umluft) erhitzen.

3. Sobald das Öl in den Tonschälchen zu brodeln beginnt und der Knoblauch goldgelb wird, die Garnelen untermischen und darin 2–3 Min. garen. Aus dem Backofen nehmen, salzen, mit je 1 TL Zitronensaft beträufeln und mit etwas Petersilie bestreuen. Sofort servieren und reichlich knuspriges Weißbrot zum Aufstippen des Knoblauchöls dazureichen.

GETRÄNK: trockener Weißwein

VARIANTE: Mancherorts werden die Garnelen mit etwas spanischem Brandy statt mit Zitronensaft aromatisiert.

Die sauer eingelegten Sardellen werden in Spanien, mit einem Gläschen Weißwein, auch zum Katerfrühstück verzehrt.

FÜR GEÜBTE
SÄUERLICH
AUS MALAGA

Marinierte Sardellen

BOQUERONES MALAGUEÑOS

ZUBEREITUNG: 30 Min.
MARINIEREN: 2 Std.
PRO PORTION CA.: 275 kcal

FÜR 6 PERSONEN:

1 kg frische Sardellen (eventuell beim Fischhändler vorbestellen)
1/2 TL Pfefferkörner
2 Lorbeerblätter
1/4 l milder Weißweinessig
1 Ei
3 Knoblauchzehen
1/2 Bund Petersilie
Salz
6 EL bestes Olivenöl

1. Die Sardellen kalt abspülen. Die Köpfe entfernen. Die Sardellen mit einem spitzen Messer der Länge nach an der Bauchseite aufschneiden, die Eingeweide entfernen. Die Fischchen aufklappen und die Rückengräte herauslösen, dabei die Doppelfilets mit der kleinen Schwanzflosse möglichst erhalten. Nochmals kalt abspülen und mit Küchenpapier trockentupfen.

2. Die Sardellen mit den Pfefferkörnern und den Lorbeerblättern in eine flache Form schichten. Den Weißweinessig darüber gießen. Die Form mit Frischhaltefolie abdecken und mindestens 2 Std. in den Kühlschrank stellen.

3. Das Ei in kochendem Wasser in etwa 10 Min. hart kochen, herausheben, kalt abschrecken und abkühlen lassen, dann pellen und fein hacken. Die Knoblauchzehen schälen und ebenfalls fein hacken. Die Petersilie waschen und trockenschütteln, die Blätter fein schneiden.

4. Die Sardellen aus dem Essig nehmen, Lorbeerblätter und Pfefferkörner entfernen. Die Fischchen abtropfen lassen und aufgeklappt dekorativ auf einer Platte anrichten. Das gehackte Ei, den Knoblauch und die Petersilie darauf verteilen, leicht salzen und mit dem Olivenöl beträufeln.

GETRÄNK: trockener Weißwein oder Bier

TIPP!

Es gibt sehr gute eingelegte *boquerones* im Glas oder in der Dose (siehe Bezugsadressen Seite 159), die Sie gleich mit Knoblauch, Ei und Petersilie anrichten können.

FÜR ANFÄNGER
KNUSPRIG
KLASSIKER

Gefüllte Sardinen

SARDINAS RELLENAS

ZUBEREITUNG: 40 Min.
PRO PORTION CA.: 285 kcal

FÜR 4 PERSONEN:

3 Knoblauchzehen
3 Sardellenfilets (in Öl; aus dem Glas)
1 kleine rote Chilischote
1/2 Bund Petersilie
12 kleine küchenfertige Sardinen (etwa 600 g)
100 g Mehl

Außerdem:

Olivenöl zum Ausbacken

1. Den Knoblauch schälen und fein hacken. Die Sardellenfilets abtropfen lassen und ebenfalls fein hacken. Die Chilischote waschen, putzen, längs aufschneiden, von Kernen und weißen Häutchen befreien und fein würfeln. Die Petersilie waschen und trockenschütteln, die Blätter fein schneiden. Alles gut vermischen.

2. Von den Sardinen die Köpfe entfernen. Die Sardinen jeweils mit einem spitzen Messer der Länge nach an der Bauchseite aufschneiden, ausnehmen, die Rückengräte vorsichtig herauslösen. Die Sardinen innen und außen kalt abspülen und mit Küchenpapier trockentupfen. Jeweils etwas Knoblauch-Sardellen-Mischung in den Bauch füllen.

3. Das Mehl auf einem Teller bereitstellen. In einer Pfanne 1 cm hoch Öl erhitzen. Die gefüllten Sardinen im Mehl wenden und im heißen Öl bei mittlerer Hitze von jeder Seite etwa 3 Min. ausbacken. Herausheben und auf Küchenpapier entfetten. Jeweils 3 Sardinen auf einem Tellerchen anrichten.

GARNIEREN: 1 Zitrone waschen, abtrocknen und in Schnitze schneiden. Zum Beträufeln zu den Sardinen servieren.

GETRÄNK: trockener Weißwein oder Sherry *(fino)*

VARIANTE: Um den Sardinen zitronige Frische und nur einen Hauch von Knoblauch zu verleihen, ersetzen Sie den Knoblauch in der Füllung einfach durch die Zesten von 1 unbehandelten Zitrone und geben 2 zerdrückte ungeschälte Knoblauchzehen ins Bratöl.

FÜR ANFÄNGER
EDEL
VON DER COSTA BRAVA

ZUBEREITUNG: 40 Min.
MARINIEREN: 1 Std.
PRO PORTION CA.: 370 kcal

FÜR 4 PERSONEN:

Für die Spießchen:

400 g Seeteufelfilet
5 EL Olivenöl
2 EL Zitronensaft
1–2 getrocknete Chilischoten
1 große unbehandelte Zitrone
Salz

Für den Dip:

100 g grüne Oliven (in Essig eingelegt, ohne Stein)
100 g gemahlene Mandeln
1 TL Honig
2 EL Zitronensaft
Salz | Pfeffer

Außerdem:

8 Holzspieße (12 cm)
Olivenöl für die Spieße

Seeteufelspießchen

PINCHOS DE RAPE

1. Den Fisch kalt abspülen, trockentupfen und in etwa 2 cm große Würfel schneiden. 3 EL Olivenöl und den Zitronensaft in eine Schüssel geben, die Chilischoten dazubröseln. Die Fischwürfel sorgfältig mit der Marinade mischen und zugedeckt 1 Std. in den Kühlschrank stellen.

2. Inzwischen für den Dip die Oliven in ein Sieb abgießen und abtropfen lassen. Mit den Mandeln in den Mörser (oder in den Mixer) geben und in etwa 5 Min. zu einer feinen Paste verarbeiten. Den Honig, den Zitronensaft und 1 EL Wasser unterrühren, mit Salz und Pfeffer würzen.

3. Die Zitrone heiß waschen, abtrocknen und in $^1/_2$ cm dicke Scheiben schneiden. Die Zitronenscheiben vierteln, dabei eventuelle Kerne entfernen. Die Spieße einölen. Abwechselnd marinierte Fischwürfel und Zitronenecken auf die Spieße stecken.

4. Das restliche Öl in einer großen Pfanne erhitzen und die Spieße darin bei mittlerer Hitze 4–5 Min. braten, dabei gelegentlich wenden. Salzen und herausnehmen. Mit dem Oliven-Mandel-Dip servieren.

GARNIEREN: Sie können die Spießchen mit einem kleinen Salat als Vorspeise servieren oder als *pinchos* zum Aperitif: Streifen Sie die Fisch-Zitronen-Würfel von den Spießen und versehen Sie jeden Würfel mit einem Holzzahnstocher zum Aufpicken.

GETRÄNK: trockener Weißwein oder Sherry *(fino)*

VARIANTEN: Neben Seeteufel eignet sich auch anderer festfleischiger Fisch wie Tunfisch oder Schwertfisch, z. B. gewürzt mit der Marinade von Seite 100. Statt Zitronenecken, die mitgegessen werden können, passen auch halbierte Frühlingszwiebeln.

FÜR GEÜBTE
WÜRZIG
FÜR GÄSTE

ZUBEREITUNG: 45 Min.
PRO PORTION CA.: 360 kcal

FÜR 4 PERSONEN:

8 frische *piquillo*-Paprikaschoten (S. 11; ersatzweise aus der Dose)
6 getrocknete Tomaten
2 EL Pinienkerne
6 schwarze Oliven
300 g Ziegenfrischkäse
2 EL Olivenöl
$^1/_2$ TL getrockneter Thymian

Außerdem:

Olivenöl für das Backblech
1 Spritzbeutel

Gefüllte Piquillo-Paprika

PIMIENTOS DEL PIQUILLO RELLENOS

1. Den Backofen auf 220° vorheizen. Ein Backblech mit Öl ausstreichen. Die frischen Paprikaschoten waschen und auf das Blech legen. Im heißen Ofen (oben, Grill) 6–8 Min. grillen, dabei einmal wenden. Sobald die Haut schwarze Blasen wirft, die Schoten herausnehmen und in einen hitzebeständigen Vorratsbeutel füllen. Den Beutel verschließen und die Paprika darin etwas abkühlen lassen (siehe Küchengeheimnis Seite 17).

2. Inzwischen für die Füllung die getrockneten Tomaten 10 Min. in lauwarmem Wasser einweichen. Die Pinienkerne in einer Pfanne ohne Fett unter Rühren goldbraun rösten, abkühlen lassen.

3. Die Oliven entsteinen und klein würfeln. Den Käse mit dem Öl und dem Thymian verrühren. Die Tomaten abtropfen lassen und klein würfeln. Mit den Pinienkernen und den Oliven untermischen.

4. Die Paprika aus dem Beutel nehmen. Jeweils den Stielansatz samt einer kleinen Kappe abschneiden. Die Paprika häuten, die Kerne durch die Kappenöffnung herauskratzen und die Schoten vollständig abkühlen lassen. (Gehäutete Paprikaschoten aus der Dose in einem Sieb abtropfen lassen und innen und außen mit Küchenpapier trockentupfen.)

5. Die Käsecreme in einen Spritzbeutel füllen und die Paprikaschoten damit füllen. Auf kleinen Tellern anrichten und mit Weißbrot servieren.

GETRÄNK: trockener Rotwein, z. B. Rioja

VARIANTE: Als Füllung schmeckt auch der Spinat mit Rosinen und Pinienkernen (Seite 50) ausgezeichnet.

Eingelegte Auberginen sind fester Bestandteil vieler *tapas*-Büfetts, wobei es viele regional unterschiedliche Marinadenrezepte gibt. Experimentieren Sie ruhig selbst mit Kräutern und Gewürzen.

FÜR ANFÄNGER
ORIENTALISCH GEWÜRZT
AUS ANDALUSIEN

ZUBEREITUNG: 20 Min.
ENTWÄSSERN: 30 Min.
BACKEN: 25 Min.
MARINIEREN: 2 Std.
PRO PORTION CA.: 115 kcal

FÜR 6 PERSONEN:

2 mittelgroße Auberginen (etwa 500 g)
Salz
6 EL Olivenöl
2 Zitronen
1 gehäufter TL gemahlener Kreuzkümmel
1/2 TL Zimtpulver
1/2 TL Cayennepfeffer
2 Knoblauchzehen
1 Bund Koriandergrün (wahlweise 1/2 Bund frische Minze)

Eingelegte Auberginen

BERENJENAS MARINADAS

1. Die Auberginen waschen, putzen und in 1 cm dicke Scheiben schneiden. Salzen und 30 Min. Wasser ziehen lassen.

2. Den Backofen auf 180° vorheizen. Ein Blech mit Backpapier belegen und mit einem Pinsel einölen. Die Auberginenscheiben abwaschen und mit Küchenpapier trockentupfen. Auf dem Blech verteilen und mit dem restlichen Öl bestreichen. Im heißen Backofen (Mitte, Umluft 160°) etwa 25 Min. backen.

3. Inzwischen für die Marinade die Zitronen auspressen und den Saft mit dem Kreuzkümmel, Zimt und Cayennepfeffer verrühren. Die Knoblauchzehen schälen und dazupressen. Das Koriandergrün waschen und trockenschütteln, die Blätter grob hacken und unterrühren.

4. Die Auberginen aus dem Ofen nehmen, die Scheiben noch warm in eine Servierschale schichten und mit der Marinade beträufeln. Bei Zimmertemperatur abkühlen lassen, mit Frischhaltefolie abdecken und mind. 2 Std. im Kühlschrank marinieren. Rechtzeitig vor dem Servieren aus dem Kühlschrank nehmen, denn bei Zimmertemperatur schmecken die eingelegten Auberginen am besten.

GETRÄNK: leichter Rotwein

VARIANTE: In Valencia werden die Auberginen geschält, in Scheiben geschnitten und gesalzen. Die Auberginen 30 Min. Wasser ziehen lassen. Dann 10 Min. in Salzwasser kochen, in ein Sieb abgießen und abtropfen lassen. Aus dem Saft von 1 Zitrone, 4 EL Olivenöl, je 1 fein gehackten Knoblauchzehe und Chilischote, 1 TL getrocknetem Majoran und etwas Salz und Pfeffer eine Marinade rühren. Die Auberginen in eine Schale schichten und mit der Marinade beträufeln. 12 Std. kühl stellen, vor dem Servieren Zimmertemperatur annehmen lassen.

FÜR ANFÄNGER
SÜSSSAUER
KLASSIKER

ZUBEREITUNG: 30 Min.
BEI 6 PERSONEN
PRO PORTION CA.: 140 kcal

FÜR 4–6 PERSONEN:

500 g kleine Schalotten (oder Perlzwiebeln)
2 Zweige frischer Thymian
4 EL Olivenöl
1 EL Zucker
200 ml Sherry *(medium)*
4 EL Sherryessig
Salz | Pfeffer

Sherry-Zwiebelchen

CEBOLLITAS AL JEREZ

1. Die Schalotten schälen. Die Thymianzweige waschen und trockenschütteln.

2. Das Olivenöl in einer Pfanne erhitzen. Die Schalotten und den Zucker hineingeben und bei mittlerer Hitze 3 Min. unter regelmäßigem Rütteln braten.

3. Den Sherry und den Sherryessig angießen und die Thymianzweige dazulegen. Offen bei mittlerer Hitze 10 Min. unter gelegentlichem Rühren schmoren. Zum Schluss leicht salzen und pfeffern. Vor dem Servieren abkühlen lassen.

GARNIEREN: Die Sherry-Zwiebelchen in ein Schälchen füllen und z. B. als Beilage zu Wurst- und Schinken-*tapas* reichen.

GETRÄNK: Sherry *(fino)* oder trockener Rotwein

Hier zwei kleine, feine *tapas*-Rezepte, die besonders die Vegetarier unter Ihnen erfreuen werden.

FÜR GEÜBTE
EDEL
FÜR GÄSTE

ZUBEREITUNG: 45 Min.
PRO PORTION CA.: 345 kcal

FÜR 4 PERSONEN:

Für den Spargel:

5 EL Mehl | 1 Ei
50 ml Sherry (*fino*; ersatzweise Milch)
Salz | 1/4 TL Cayennepfeffer
500 g grüner Spargel

Für den Orangenschaum:

1 unbehandelte Orange
2 sehr frische Eigelbe
4 EL Olivenöl
1 EL Joghurt
Zucker | Cayennepfeffer

Außerdem:

neutrales Pflanzenöl zum Frittieren

Spargel mit Orangenschaum

ESPÁRRAGOS CON SALSA MAHONESA DE NARANJA

1. Das Mehl in eine Schüssel sieben. Das Ei trennen, das Eigelb dazugeben und das Eiweiß beiseite stellen. Mehl und Eigelb mit dem Sherry und 75 ml kaltem Wasser mit dem Schneebesen zu einem glatten Teig verrühren. Mit je 1 Prise Salz und dem Cayennepfeffer würzen. Den Teig zugedeckt 15 Min. ruhen lassen.

2. Inzwischen die Orange waschen und abtrocknen. Die Schale einer Orangenhälfte, am besten mit einem Zestenreißer, abraspeln. 3 EL Orangensaft auspressen. Die Eigelbe mit dem Saft in einem hohen Aufschlaggefäß mit dem Handrührgerät in etwa 3 Min. schaumig aufschlagen. Das Öl erst tropfenweise, dann in dünnem Strahl unterschlagen, bis eine schaumige Creme entstanden ist. Die Orangenzesten und den Joghurt unterrühren. Mit je 1 Prise Salz, Zucker und Cayennepfeffer abschmecken. Bis zum Servieren kalt stellen.

3. Den Spargel waschen, im unteren Drittel schälen, die trockenen Enden entfernen und die Stangen je nach Länge halbieren oder dritteln. Das Eiweiß zu cremigem Schnee aufschlagen und unter den Sherryteig ziehen.

4. In der Fritteuse oder einem Topf reichlich Öl zum Frittieren erhitzen. Es ist heiß genug, wenn an einem Holzlöffelstiel, den man hineinhält, kleine Bläschen aufsteigen. Die Spargelstücke portionsweise (jeweils 5–6 Stücke) erst durch den Teig ziehen, dann im heißen Öl bei mittlerer Hitze in 4–5 Min. goldbraun frittieren. Mit einem Schaumlöffel herausheben und auf Küchenpapier entfetten. Auf kleine Teller verteilen und jeweils einen Klecks Orangenschaum zum Dippen dazugeben.

GETRÄNK: Cava (spanischer Sekt)

FÜR GEÜBTE
SAFTIG
ANDALUSISCH INSPIRIERT

ZUBEREITUNG: 40 Min.
PRO PORTION CA.: 165 kcal

FÜR 4 PERSONEN:

80 g Langkornreis
4 Safranfäden (ersatzweise 1 Msp. gemahlene Kurkuma)
Salz
1 EL Rosinen
1 EL spanischer Brandy (nach Belieben)
2 EL Mandelstifte
16 große Kirschtomaten (etwa 3 cm Ø)
2 Frühlingszwiebeln
1 Stängel frische Minze (ersatzweise Zitronenmelisse oder Petersilie)
2 EL Zitronensaft
1 EL Olivenöl

Gefüllte Kirschtomaten

TOMATES CEREZA RELLENOS

1. Den Reis mit 1/4 l Wasser und dem Safran in einen Topf geben und zum Kochen bringen, 1 Prise Salz hinzufügen. Zugedeckt bei sehr schwacher Hitze 15 Min. ausquellen lassen. Vom Herd nehmen und im Topf abkühlen lassen.

2. Inzwischen die Rosinen fein hacken und in einer Tasse mit dem Brandy mischen. Die Mandelstifte in einer kleinen Pfanne ohne Fett unter Rühren goldbraun rösten und abkühlen lassen.

3. Die Tomaten waschen und oben jeweils einen Deckel abschneiden. Die Tomaten aushöhlen (am besten mit einem Kugelausstecher), innen salzen und umgedreht auf Küchenpapier abtropfen lassen. Die Frühlingszwiebeln putzen, waschen und mit dem zarten Grün klein schneiden. Die Minze waschen und trockenschütteln, die Blätter fein hacken.

4. Den Reis mit den eingelegten Rosinen, den Mandelstiften, den Frühlingszwiebeln und der Minze in eine Schüssel geben. Den Zitronensaft und das Öl dazugeben und alles gut vermischen. Mit Salz abschmecken und die Reismischung mit einem Teelöffel in die Tomaten füllen.

GARNIEREN: Damit die Tomaten stehen, diese an der Unterseite etwas flach schneiden. Eine flache Schale mit Salatblättern auslegen und die gefüllten Tomaten darauf anrichten. Gegessen werden sie einfach mit der Hand.

GETRÄNK: Cava (spanischer Sekt) oder Sherry *(fino)*

VARIANTEN: Sie können statt Reis auch 80 g Instant-Couscous verwenden oder die Tomaten mit der Ziegenfrischkäsecreme von Seite 32 füllen.

FÜR ANFÄNGER
VEGETARISCH
KLASSIKER

Eingelegte Paprikaschoten

PIMIENTOS MARINADOS

ZUBEREITUNG: 40 Min.
KÜHLEN: 4 Std.
PRO PORTION CA.: 200 kcal

FÜR 4 PERSONEN:

- je 3 rote und gelbe Paprikaschoten
- 4 Knoblauchzehen
- 1 Bund Petersilie
- 1 Zitrone
- Salz
- 6 EL bestes Olivenöl

Außerdem:

- Olivenöl für das Backblech

1. Den Backofen auf 220° vorheizen. Ein Backblech mit Öl ausstreichen. Die Paprikaschoten waschen und auf dem Blech verteilen.

2. Die Paprikaschoten im heißen Backofen (oben, Grill) 8–10 Min. grillen, dabei einmal wenden. Sobald die Haut schwarze Blasen wirft, die Schoten herausnehmen und in einen hitzebeständigen Vorratsbeutel füllen. Den Beutel verschließen und die Paprikaschoten darin etwas abkühlen lassen (siehe Küchengeheimnis Seite 17).

3. Inzwischen die Knoblauchzehen schälen und fein hacken. Die Petersilie waschen und trockenschütteln, die Blätter fein schneiden. Die Zitrone auspressen.

4. Die Paprikaschoten aus dem Beutel nehmen. Jeweils den Stielansatz entfernen und die Haut abziehen. Die Schoten längs in breite Streifen schneiden, dabei die Kerne entfernen.

5. Abwechselnd rote und gelbe Paprikastreifen in eine flache Schale schichten. Jede Lage leicht salzen, mit Knoblauch und Petersilie bestreuen und mit Zitronensaft und Olivenöl beträufeln. Mit Frischhaltefolie abdecken und 4 Std. in den Kühlschrank stellen.

GETRÄNK: trockener Rotwein, z. B. Rioja

FÜR ANFÄNGER
WÜRZIG
AUS SEVILLA

Maurische Kichererbsen

GARBANZOS MORUNOS

ZUBEREITUNG: 30 Min.
EINWEICHEN: 12 Std.
GAREN: 45 Min.
PRO PORTION CA.: 205 kcal

FÜR 4 PERSONEN:

- 150 g getrocknete Kichererbsen
- 1 Prise Natron (ersatzweise 1 Msp. Backpulver)
- 1 TL gekörnte Gemüsebrühe
- 2 reife Tomaten
- 1 Zwiebel
- 1 großes Bund frische Minze
- 2 EL Olivenöl

Für die *picada*:

- 10 gehäutete Mandeln (s. S. 16 oder fertig gekauft)
- 1 Knoblauchzehe
- 10 Safranfäden
- Salz | Cayennepfeffer
- 3 EL Orangensaft (ersatzweise Wasser)

1. Die Kichererbsen mit 3/4 l kaltem Wasser und dem Natron in den Topf geben, in dem sie später auch gekocht werden, und darin 12 Std. (am besten über Nacht) einweichen.

2. Nach Ablauf der Einweichzeit die gekörnte Brühe unterrühren, zum Kochen bringen und die Kichererbsen halb zugedeckt bei mittlerer Hitze in etwa 45 Min. weich kochen lassen.

3. Inzwischen die Tomaten kreuzweise einritzen, überbrühen, häuten und entkernen (siehe Tipp Seite 17). Das Fruchtfleisch klein würfeln, dabei die Stielansätze entfernen. Die Zwiebel schälen, längs halbieren und in feine Spalten schneiden. Die Minze waschen und trockenschütteln, die Blätter fein schneiden.

4. Für die *picada* (siehe Seite 16/17) die Mandeln grob hacken. Die Knoblauchzehe schälen und ebenfalls grob hacken. Mandeln und Knoblauch mit dem Safran und je 1 Prise Salz und Cayennepfeffer im Mörser fein zerreiben. Den Orangensaft unterrühren, bis eine cremige Masse entstanden ist.

5. Die Kichererbsen in ein Sieb abgießen, dabei das Kochwasser auffangen. Das Öl in einer Pfanne erhitzen und die Zwiebel darin bei mittlerer Hitze 3 Min. anbraten. Die Kichererbsen und die Tomaten dazugeben und 3 Min. unter Rühren weiterbraten. 100 ml Kochwasser dazugießen und alles zugedeckt 5 Min. schmoren.

6. Die *picada* unterrühren und offen 3 Min. leise weiterkochen lassen. Die Minze untermischen, die Kichererbsen vom Herd nehmen und etwas abkühlen lassen. Lauwarm servieren.

GETRÄNK: Sherry *(fino)*

VARIANTE: Statt der Minze können Sie auch 150 g jungen Spinat dazugeben (3 Min. mitschmoren) und mit 1 Prise Zimtpulver abschmecken.

FÜR GEÜBTE
SCHARF
KLASSIKER

ZUBEREITUNG: 1 Std.
PRO PORTION CA.: 255 kcal

FÜR 8 PERSONEN:

350 g Rinderhack
100 g *chorizo* (S. 13)
1 Zwiebel
2 Eier
je 1 gehäufter TL edelsüßes und rosenscharfes Paprikapulver
Salz
600 g reife Tomaten (ersatzweise 400 g stückige Tomaten aus der Dose)
4 EL Olivenöl
100 ml spanischer Brandy (ersatzweise Brühe)
Zucker

Hackfleischbällchen mit Tomatensauce

ALBÓNDIGAS CON SALSA DE TOMATE

1. Das Rinderhack in eine Schüssel geben. Die *chorizo* sehr fein würfeln. Die Zwiebel schälen und fein hacken. *Chorizo* und Zwiebel mit den Eiern und den Paprikapulvern hinzufügen und alles gut verkneten. Eventuell leicht salzen.

2. Die Tomaten kreuzweise einritzen, überbrühen, häuten und entkernen (siehe Tipp Seite 17). Das Fruchtfleisch würfeln, dabei die Stielansätze entfernen. Beiseite stellen.

3. Aus der Hackfleischmasse mit angefeuchteten Händen 24 walnussgroße Bällchen formen. Das Öl in einer großen Pfanne erhitzen, die Bällchen darin portionsweise bei starker Hitze in 3–4 Min. rundum braun braten. Herausnehmen und zugedeckt warm halten.

4. Den Brandy in die Pfanne geben und den Bratensatz damit loskochen. Tomaten dazugeben, mit Salz und 1 Prise Zucker würzen. Zugedeckt 5 Min. leise kochen lassen. Sauce durch ein Sieb streichen oder in einem hohen Gefäß mit dem Pürierstab fein pürieren. Zum Servieren die *albóndigas* in Schälchen füllen und jeweils etwas Tomatensauce darüber geben.

GARNIEREN: 2 Knoblauchzehen schälen und fein hacken. Die Zesten von 1/2 unbehandelten Orange und 1 EL frisch gehackte Petersilie untermischen und darüber streuen.

GETRÄNK: leichter Rotwein oder Bier

FÜR GEÜBTE
KNUSPRIG UND ZART
KLASSIKER

ZUBEREITUNG: 1 Std.
KÜHLEN: 2 Std.
PRO PORTION CA.: 680 kcal

FÜR 4 PERSONEN:

1 Hähnchenbrustfilet (etwa 150 g)
Salz | Pfeffer
1 EL Olivenöl
50 g Serranoschinken (ohne Fettrand; S. 13)
1 Schalotte
100 g Butter
5 EL Mehl
1/2 l Milch
Muskatnuss, frisch gerieben
3 Eier
100 g Semmelbrösel

Außerdem:

neutrales Pflanzenöl zum Frittieren

Hähnchen-Schinken-Kroketten

CROQUETAS DE POLLO Y JAMÓN

1. Das Fleisch kalt abspülen, trockentupfen, salzen und pfeffern. Das Öl in einer Pfanne erhitzen, das Fleisch darin bei mittlerer Hitze von jeder Seite 4–5 Min. braten. Vom Herd nehmen und etwas abkühlen lassen. Das Fleisch und den Schinken durch den Fleischwolf drehen oder sehr fein hacken.

2. Die Schalotte schälen und fein hacken. Butter in einem Topf erhitzen, aber nicht braun werden lassen. Die Schalotte darin bei mittlerer Hitze 1 Min. glasig anbraten. Mehl hinzufügen und unter Rühren goldgelb werden lassen. Nach und nach die Milch dazugießen und mit dem Schneebesen kräftig unterrühren, so dass eine glatte Sauce entsteht. Bei schwacher Hitze 5 Min. leise kochen lassen, dabei regelmäßig umrühren. Fleisch und Schinken unter die Sauce mischen und noch 2 Min. unter Rühren leise kochen lassen. Vom Herd nehmen, mit Muskatnuss, Salz und Pfeffer würzig abschmecken. Die Masse abkühlen lassen und zugedeckt 2 Std. in den Kühlschrank stellen.

3. Die Eier in einem tiefen Teller leicht verquirlen. Auf einem zweiten Teller die Semmelbrösel bereitstellen. Jeweils 1 EL von der Hähnchen-Schinken-Masse abnehmen und mit einem zweiten Esslöffel zu einer Nocke formen. Die Nocken erst im Ei, dann in den Bröseln wenden und zum Schluss mit den Händen zu etwa 5 cm großen, länglichen Kroketten formen. Es sollen 20 Kroketten entstehen.

4. In einer Pfanne mit hohem Rand (oder in der Fritteuse) reichlich Öl erhitzen. Es ist heiß genug, wenn an einem Holzlöffelstiel, den man hineinhält, Bläschen aufsteigen. Kroketten portionsweise ins heiße Öl geben und in etwa 5 Min. goldbraun frittieren, dabei einmal vorsichtig wenden. Herausheben und auf Küchenpapier entfetten.

GETRÄNK: Bier oder leichter Rotwein

Das Rezept für die Lammwürfel lehnt sich an ein Milchlammbratenrezept aus der Region Navarra an.

FÜR ANFÄNGER
FRISCH-WÜRZIG
FÜR FEINSCHMECKER

ZUBEREITUNG: 30 Min.
PRO PORTION CA.: 240 kcal

FÜR 4 PERSONEN:

500 g Lammrückenfilet
1 Zwiebel
2 Knoblauchzehen
4 EL Olivenöl
1 TL edelsüßes Paprikapulver
1 unbehandelte Zitrone
1/2 Bund Petersilie
Salz | Pfeffer

Lammwürfel mit Zitronensauce

CORDERO EN SALSA DE LIMÓN

1. Das Lammfleisch in 3 cm große Würfel schneiden. Die Zwiebel und die Knoblauchzehen schälen und fein hacken.

2. 3 EL Olivenöl in einer großen Pfanne erhitzen. Die Lammfleischwürfel darin bei mittlerer Hitze von allen Seiten in etwa 5 Min. anbraten. Herausnehmen und zugedeckt warm halten.

3. Das restliche Öl zum Bratensatz in die Pfanne geben und erhitzen. Zwiebel und Knoblauch mit dem Paprikapulver darin bei mittlerer Hitze 2 Min. anbraten. Die Lammwürfel wieder in die Pfanne geben und 3–4 EL Wasser hinzufügen. Das Fleisch zugedeckt bei mittlerer Hitze 10–12 Min. schmoren.

4. Inzwischen die Zitrone heiß waschen, abtrocknen und die Schale, am besten mit einem Zestenreißer, abraspeln, den Saft auspressen. Die Petersilie waschen und trockenschütteln, die Blätter abzupfen und fein schneiden.

5. Zitronensaft und -zesten und die Petersilie zu den Lammwürfeln geben. Mit Salz und Pfeffer abschmecken, kurz durchschwenken und heiß servieren.

GETRÄNK: trockener Weißwein

VARIANTE: Das gleiche supereinfache Gericht schmeckt auch mit Hähnchenbrustfilet, Orangensaft und -zesten sowie frischer Minze.

FÜR ANFÄNGER
WÜRZIG
AUS ANDALUSIEN

ZUBEREITUNG: 20 Min.
WÄSSERN: 12 Std.
GAREN: 20 Min.
PRO PORTION CA.: 265 kcal

FÜR 4 PERSONEN:

500 g Lammnieren (beim Metzger vorbestellen)
4 EL Weißweinessig
1 Zwiebel
1 Knoblauchzehe
4 EL Olivenöl
1/2 TL edelsüßes Paprikapulver
150 ml Sherry *(medium)*
Salz | Cayennepfeffer

Sherry-Nierchen

RIÑONES AL JEREZ

1. Die Lammnieren von Fett und Sehnen befreien. Den Essig und 1/2 l kaltes Wasser in einer Schüssel mischen und die Nieren darin 12 Std. (am besten über Nacht) wässern.

2. Die Zwiebel und die Knoblauchzehe schälen und sehr fein hacken. Die Nieren aus dem Essigwasser nehmen, kalt abspülen und mit Küchenpapier trockentupfen. In dünne Scheiben schneiden.

3. Das Olivenöl in einer Pfanne erhitzen, die Zwiebel und den Knoblauch darin goldgelb anbraten. Die Nierenscheiben hinzufügen, das Paprikapulver darüber streuen. Die Nierchen bei mittlerer Hitze in 2 Min. rundum anbraten. Mit dem Sherry ablöschen und halb zugedeckt bei schwacher Hitze etwa 20 Min. leise kochen lassen. Mit Salz und Cayennepfeffer abschmecken.

GARNIEREN: Mit frisch gehackter Petersilie bestreuen.

GETRÄNK: Sherry oder Bier

VARIANTEN: Statt Lammnieren können Sie auch Kalbsnieren verwenden. Wer keine Nieren mag, kann stattdessen Kalbs- oder Hühnerleber (nicht wässern und nach dem Anbraten nur 5–6 Min. garen) in der Sherrysauce zubereiten.

Ensaladas, huevos y legumbres

Salate, Eierspeisen und Gemüse

Einfache Salate wie diese beiden werden in Spanien gerne als Vorspeise serviert.

FÜR ANFÄNGER
PREISWERT
KLASSIKER

Kartoffel-Tunfisch-Salat

ENSALADILLA RUSA

ZUBEREITUNG: 30 Min.
GAREN: 25 Min.
PRO PORTION CA.: 375 kcal

FÜR 4 PERSONEN:

- 800 g fest kochende Kartoffeln
- 3 Eier
- Salz
- 100 g TK-Erbsen
- 1 Dose Tunfisch (in Öl; 140 g Abtropfgewicht)
- 100 g grüne Oliven (ohne Stein)
- 1 kleine Zwiebel
- 6 Kirschtomaten
- 4 EL Salatmayonnaise (30 % Fett)

1. Die Kartoffeln waschen und in einem Topf mit Wasser bedeckt in etwa 25 Min. weich kochen. Die Eier in einem anderen Topf in kochendem Wasser in etwa 10 Min. hart kochen.

2. Inzwischen in einem Topf Wasser zum Kochen bringen, salzen. Die (unaufgetauten) Erbsen darin 5 Min. blanchieren. Durch ein Sieb abgießen, kalt abschrecken und abtropfen lassen.

3. Den Tunfisch in ein Sieb geben, abtropfen lassen und mit einer Gabel zerpflücken. Die Oliven in Scheiben schneiden. Die Zwiebel schälen, längs halbieren und in feine Spalten schneiden. Die Kirschtomaten waschen und vierteln.

4. Die Eier herausnehmen, kalt abschrecken und pellen. Die Kartoffeln abgießen, ausdampfen lassen und noch warm pellen. Eier und Kartoffeln in sehr kleine Würfel schneiden oder hacken, in eine flache Schale füllen und mit etwas Salz bestreuen.

5. Erbsen, Tunfisch, Oliven, Zwiebel und Kirschtomaten auf den Kartoffel- und Eiwürfeln verteilen. Die Mayonnaise darauf geben und vorsichtig unterheben.

GARNIEREN: mit Kirschtomaten- und Eivierteln

GETRÄNK: Bier

VARIANTE: Die Basis für die *ensaladilla rusa* bilden Kartoffeln, Eier, Tunfisch und grüne Oliven. Alles Übrige ist Ihrer Fantasie überlassen. Wer keine Mayonnaise mag, kann sie auch weglassen und stattdessen nach Belieben etwas mehr Tunfisch nehmen.

FÜR ANFÄNGER
FRUCHTIG
AUS ANDALUSIEN

Orangensalat mit Oliven

REMOJÓN

ZUBEREITUNG: 25 Min.
KÜHLEN: 1 Std.
PRO PORTION CA.: 240 kcal

FÜR 4 PERSONEN:

- 6 große Orangen
- 2 kleine rote Zwiebeln (ersatzweise 1 weiße Zwiebel)
- 60 g schwarze Oliven (am besten getrocknete)
- 1 Prise Cayennepfeffer
- 1/4 TL gemahlener Kreuzkümmel
- 4 EL Olivenöl

1. Die Orangen mit einem scharfen Messer so schälen, dass auch die bittere weiße Haut entfernt wird. Die Orangen in millimeterdünne Scheiben schneiden, dabei den Saft auffangen. Die Zwiebeln schälen und in dünne Ringe schneiden.

2. In eine Glasschüssel dachziegelartig eine Lage Orangenscheiben einschichten. Einige Zwiebelringe und ein paar Oliven darauf verteilen. Weiter lagenweise einschichten, bis alle Zutaten aufgebraucht sind.

3. Den aufgefangenen Orangensaft in einem Schüsselchen mit dem Cayennepfeffer und dem Kreuzkümmel mischen, das Olivenöl unterrühren. Die Sauce über den Orangensalat gießen und den Salat zugedeckt 1 Std. in den Kühlschrank stellen.

GARNIEREN: mit Korianderblättchen

GETRÄNK: Wasser

VARIANTE: Ich mag diese einfache Variante am liebsten, Sie können aber z. B. noch gegarten Stockfisch, in Öl eingelegte Makrelenfilets (aus der Dose), Tomatenwürfelchen und/oder geröstete Weißbrotwürfel untermischen.

Dieses unkomplizierte Rezept der *escalivada*, eines lauwarmen Salates aus gegrilltem Gemüse, habe ich dem spanischen Fernsehkoch Karlos Arguiñano abgeschaut.

Lauwarmer Gemüsesalat

ESCALIVADA

FÜR ANFÄNGER
MILD-SÄUERLICH
AUS KATALONIEN

ZUBEREITUNG: 20 Min.
ABKÜHLEN: 20 Min.
BACKEN: 1 Std.
PRO PORTION CA.: 155 kcal

FÜR 8 PERSONEN:

1 kg Auberginen
1 kg reife Tomaten
1 kg rote Paprikaschoten
1 kg Zwiebeln
100 ml bestes Olivenöl
Meersalz (ersatzweise Salz)
6 EL Sherryessig (wahlweise Zitronensaft)

1. Den Backofen auf 180° vorheizen. Auberginen, Tomaten, Paprikaschoten und Zwiebeln gründlich waschen, aber weder Schalen noch Stielansätze entfernen. Jedes Gemüse rundherum mit Öl einreiben, einzeln auf ein Stück Alufolie legen, mit etwas Meersalz bestreuen und in die Folie einwickeln.

2. Die Gemüsepäckchen auf ein Blech legen und im heißen Ofen (Mitte, Umluft 160°) etwa 1 Std. backen. Herausnehmen und 20 Min. abkühlen lassen. Die Gemüsestücke auswickeln; wenn sich in der Folie Saft gebildet hat, diesen auffangen.

3. Die Auberginen häuten und in jeweils 10–12 Stücke schneiden, die Stielansätze entfernen. Die Tomaten häuten und vierteln, Stielansätze entfernen. Die Paprikaschoten häuten, Stielansätze herausziehen, die Schoten längs vierteln und die Kerne entfernen. Die Zwiebeln pellen und in dicke Scheiben schneiden.

4. Alle Gemüsesorten dekorativ auf einer Platte anrichten und mit etwas Meersalz bestreuen (am besten aus der Mühle). Den Gemüsesaft aus den Päckchen mit dem Essig und dem restlichen Öl verrühren und gleichmäßig über die Gemüsestücke verteilen. Lauwarm mit knusprigem Weißbrot servieren.

GETRÄNK: Karlos Arguiñano empfiehlt dazu einen *rosado* (spanischen Roséwein), es passt aber auch ein leichter Rotwein.

VARIANTE: Sie können die *escalivada* mit eingelegten Oliven und Sardinen oder mit Schinken und gebratenem Hähnchenfleisch anreichern.

Aragoneser Salat

ENSALADA ARAGONESA

FÜR ANFÄNGER
SCHNELL
KLASSIKER

ZUBEREITUNG: 20 Min.
PRO PORTION CA.: 300 kcal

FÜR 4 PERSONEN:

4 Eier
$^1/_2$ Kopfsalat (z. B. Eisbergsalat)
1 grüne Paprikaschote
2 Tomaten
100 g schwarze Oliven
100 g Serranoschinken in Scheiben (S. 13)
Salz
2 EL Sherryessig
4 EL Olivenöl

1. Die Eier in kochendem Wasser in etwa 10 Min. hart kochen.

2. Inzwischen den Salat waschen, in mundgerechte Stücke zupfen und in einem Sieb abtropfen lassen. Die Paprikaschote halbieren, putzen, waschen und in dünne Streifen schneiden. Die Tomaten waschen und in Achtel schneiden, dabei die Stielansätze entfernen.

3. Den Salat auf vier Teller verteilen. Paprikastreifen, Tomatenachtel und Oliven darauf geben. Die Eier herausnehmen, kalt abschrecken, pellen und vierteln. Die Eier auf den Salaten anrichten.

4. Den Schinken in Streifen schneiden und ebenfalls auf den Salaten verteilen. Jeweils mit etwas Salz bestreuen und mit Essig und Öl beträufeln.

GETRÄNK: leichter Weißwein

VARIANTE: *Lechuga* (grüner Salat) ist in Spanien nur die Basis für Salate, die nicht wie bei uns in Schüsseln gemischt, sondern immer auf Tellern oder Platten angerichtet werden. Für die *Ensalada de San Isidro*, den klassischen Madrider Salat, kommen auf ein Bett aus grünem Salat Tunfisch, Zwiebelringe, geviertelte hart gekochte Eier und grüne Oliven. Darauf wie gehabt Salz, Essig und Öl, die im Restaurant separat zum Selberwürzen gereicht werden. Wer mag, kann den Salat noch mit Spargelspitzen und/oder in feine Streifen gehobeltem Käse verfeinern.

FÜR ANFÄNGER
NUSSIG
AUS KATALONIEN

ZUBEREITUNG: 25 Min.
PRO PORTION CA.: 345 kcal

FÜR 4 PERSONEN:

75 g Rosinen
100 g Serranoschinken (oder anderer luftgetrockneter Schinken; vom Metzger in 2 dicke Scheiben à 50 g schneiden lassen; S. 13)
1 kg junger Spinat
Salz
2 Knoblauchzehen
4 EL Olivenöl
50 g Pinienkerne
Pfeffer (nach Belieben)

Spinat mit Rosinen und Pinienkernen

ESPINACAS CON PASAS Y PIÑONES

1. Die Rosinen in einer Tasse mit lauwarmem Wasser bedeckt einweichen. Den Schinken fein würfeln.

2. Den Spinat gründlich waschen und tropfnass mit etwas Salz in einen großen Topf geben. Die Knoblauchzehen schälen, halbieren und untermischen. Den Spinat zugedeckt bei mittlerer Hitze in etwa 5 Min. zusammenfallen lassen. In ein Sieb abgießen und abtropfen lassen, die Knoblauchhälften entfernen.

3. Das Öl in einer Pfanne erhitzen und die Schinkenwürfel darin bei mittlerer Hitze 1 Min. anbraten. Die Pinienkerne hinzufügen und unter Rühren in 1–2 Min. goldbraun braten. Die Rosinen in ein Sieb abgießen, abtropfen lassen und hinzufügen.

4. Den Spinat mit den Händen ausdrücken und ebenfalls in die Pfanne geben. Alles gründlich mischen, mit Salz und nach Belieben etwas Pfeffer abschmecken.

GARNIEREN: In eine flache, ovale Schale füllen oder auf einer Platte anrichten und mit anderen Vorspeisen servieren (siehe Menüvorschläge Seite 158).

GETRÄNK: fruchtiger Rotwein

VARIANTE: Vegetarier nehmen statt Schinken 100 g Weißbrot, in Würfel geschnitten und mit 1/2 Knoblauchzehe in 2 EL Öl geröstet. Der Spinat eignet sich auch gut als Füllung für *empanadillas* (Seite 61) und *piquillo*-Paprikaschoten (Seite 32).

FÜR ANFÄNGER
KLASSIKER
AUS KANTABRIEN

ZUBEREITUNG: 25 Min.
PRO PORTION CA.: 170 kcal

FÜR 4 PERSONEN:

500 g grüne Bohnen
Salz
3 Schalotten (ersatzweise 1 Zwiebel)
2 Knoblauchzehen
100 g *lomo* (S. 13)
4 EL Olivenöl
Pfeffer

Grüne Bohnen mit Lachsschinken

JUDÍAS VERDES CON LOMO

1. Die Bohnen putzen, eventuell entfädeln und waschen. In einem Topf Wasser zum Kochen bringen, salzen und die Bohnen darin in 5–6 Min. knapp garen.

2. Inzwischen die Schalotten schälen, längs halbieren und in feine Spalten schneiden. Den Knoblauch schälen und in dünne Scheiben schneiden. Den *lomo* in feine Streifen schneiden. Die Bohnen durch ein Sieb abgießen, kalt abschrecken und gut abtropfen lassen.

3. Das Öl in einer Pfanne erhitzen. Die Schalotten und den Knoblauch darin bei mittlerer Hitze in etwa 3 Min. goldbraun anbraten. Den *lomo* hinzufügen und 1 Min. mitbraten. Die abgetropften Bohnen dazugeben und in 3–4 Min. unter gelegentlichem Durchschwenken braten. Mit Salz und Pfeffer würzen und z. B. warm als leichtes Abendessen servieren.

GETRÄNK: Wasser oder Bier

VARIANTE: Vegetarier lassen den *lomo* weg und braten mit den Zwiebeln und dem Knoblauch 300 g in 1 cm große Würfel geschnittene, vorgegarte Pellkartoffeln an.

Hier zwei leckere kleine Gerichte, bei denen nicht nur Vegetarier auf ihre Kosten kommen.

FÜR ANFÄNGER
SÜSSSAUER
AUS ANDALUSIEN

Auberginen und Kürbis

BERENJENAS Y CALABAZA

ZUBEREITUNG: 40 Min.
ENTWÄSSERN: 30 Min.
PRO PORTION CA.: 275 kcal

FÜR 4 PERSONEN:

2 kleine Auberginen
Salz
50 g Rosinen
3 Knoblauchzehen
1 Spalte Kürbis (ungeschält etwa 300 g)
6 EL Olivenöl
1 Döschen Safran (0,1 g)
1 TL Koriandersamen
4 EL Sherryessig

Für den Dip:

50 ml bestes Olivenöl
2 EL Sherryessig
je 1/2 TL Kreuzkümmel- und Anissamen

1. Die Auberginen putzen, nach Belieben schälen und in 1 1/2 cm dicke Scheiben schneiden. Salzen und 30 Min. Wasser ziehen lassen. Die Rosinen in einer Tasse mit lauwarmem Wasser bedeckt einweichen. Den Knoblauch schälen und fein hacken.

2. Den Kürbis 4–5 Min. in Salzwasser kochen lassen. Herausheben und abtropfen lassen. Den Kürbis schälen und in etwa 1 1/2 cm große Würfel schneiden. Die Auberginenscheiben abwaschen, mit Küchenpapier trockentupfen und ebenfalls in 1 1/2 cm große Würfel schneiden.

3. In einer großen Pfanne 4 EL Öl erhitzen. Knoblauch, Auberginen- und Kürbiswürfel hineingeben und bei starker Hitze 3 Min. unter Rühren anbraten. Die Rosinen abgießen, abtropfen lassen und mit dem Safran und dem Koriander dazugeben. 3–4 Min. unter regelmäßigem Wenden weiterbraten.

4. Den Essig und das restliche Öl dazugeben, das Gemüse kräftig durchschwenken und bei schwacher Hitze noch 2 Min. ziehen lassen.

5. Inzwischen das Olivenöl für den Dip mit dem Essig verrühren, in ein Schälchen füllen und die Kreuzkümmel- und Anissamen darauf streuen. Das Gemüse lauwarm oder kalt mit dem Dip servieren.

GARNIEREN: Das Gemüse in eine Schale füllen und Spießchen dazureichen, mit denen man die Gemüsewürfel aufspießen und in den Dip tunken kann.

GETRÄNK: *rosado* (spanischer Roséwein) oder Bier

VARIANTE: Statt Koriandersamen können Sie auch Fenchelsamen verwenden – das verleiht dem Gemüse eine andere Note und schmeckt ebenso lecker.

FÜR ANFÄNGER
PREISWERT
VON TENERIFFA

Runzelkartoffeln mit Mojo

PAPAS ARRUGADAS CON MOJO PICÓN

ZUBEREITUNG: 30 Min.
GAREN: 25 Min.
PRO PORTION CA.: 350 kcal

FÜR 4 PERSONEN:

Für den *mojo*:

3 getrocknete rote Paprikaschoten
1 kleine Knoblauchknolle
1 TL Kreuzkümmelsamen
Salz
100 ml Olivenöl
1–2 EL Rotweinessig
Cayennepfeffer

Für die Kartoffeln:

1 kg kleine fest kochende Kartoffeln
4 EL grobes Meersalz

1. Für den *mojo* die Samen aus den Paprikaschoten herauslösen und in einen Mörser geben, die Schoten 20 Min. in warmem Wasser einweichen.

2. Die Kartoffeln gründlich waschen, in einen Topf geben und knapp mit Wasser bedecken. Das Meersalz hinzufügen und das Wasser zum Kochen bringen. Sobald das Wasser kocht, ein Küchentuch falten, über den Topf breiten und den Deckel auflegen. Die Hitze reduzieren und die Kartoffeln bei schwacher Hitze etwa 25 Min. kochen lassen.

3. Inzwischen für den *mojo* den Knoblauch schälen und grob hacken. Die Kreuzkümmelsamen in einer Pfanne ohne Fett 1 Min. bei mittlerer Hitze unter Rühren anrösten. In den Mörser geben und mit den Paprikasamen fein zerstoßen. Den Knoblauch und 1/2 TL Salz dazugeben, alles fein zerstampfen und nach und nach die Hälfte des Olivenöls untermischen. Die Paprikaschoten abtropfen lassen, grob zerkleinern und mit dem restlichen Öl unterarbeiten, bis eine homogene Masse entsteht. Den Essig und so viel Wasser untermischen, dass daraus eine cremige Sauce wird. Mit Salz und Cayennepfeffer abschmecken.

4. Das Kartoffelwasser abgießen und die Kartoffeln im Topf wieder auf den Herd stellen. Unter gelegentlichem Rütteln bei schwacher Hitze so lange offen ausdampfen lassen, bis sich die charakteristische runzlige Haut mit einer leichten Salzschicht bildet. Mit dem *mojo* servieren.

GETRÄNK: Bier oder leichter Rotwein

VARIANTE: Ich habe hier die traditionelle *mojo*-Herstellung beschrieben. Ungeduldige können die Zutaten auch im Mixer pürieren. Schmeckt übrigens auch hervorragend zu Fisch.

Die *coca mallorquina* ist – man bedenke die geografische Nähe – eine spanische Variante der italienischen Pizza.

FÜR ANFÄNGER
KNUSPRIG
PREISWERT

ZUBEREITUNG: 40 Min.
RUHEN: 1 Std. + 20 Min.
BACKEN: 30 Min.
PRO PORTION CA.: 435 kcal

FÜR 6 PERSONEN:

400 g Mehl
1 Päckchen Trockenhefe (7 g)
Salz | Zucker | 7 EL Olivenöl
2 EL trockener Weißwein (nach Belieben)
1 kg reife Tomaten | 2 Zwiebeln
je 1 große rote und gelbe Paprikaschote
100 g *chorizo* (S. 13; nach Belieben)

Außerdem:

Mehl für die Arbeitsfläche
Olivenöl für das Backblech

Mallorquinische Pizza

COCA MALLORQUINA

1. Das Mehl in eine Schüssel sieben. Die Hefe, 1 TL Salz und 1 Prise Zucker dazugeben. Nach und nach etwa 200 ml lauwarmes Wasser, 2 EL Öl und den Wein (macht den Teig feinporig) mit den Knethaken des Handrührgeräts unterrühren. 5–6 Min. kneten, bis ein glatter, glänzender Teig entsteht. Die Teigkugel in der Schüssel mit etwas Mehl bestreuen, die Schüssel mit Frischhaltefolie abdecken und den Teig an einem warmen Ort ohne Zugluft etwa 1 Std. gehen lassen.

2. Inzwischen für den Belag die Tomaten kreuzweise einritzen, überbrühen, häuten und entkernen (siehe Tipp Seite 17). Das Fruchtfleisch würfeln, dabei die Stielansätze entfernen. Die Zwiebeln schälen und in Ringe schneiden. Die Paprika halbieren, putzen, waschen und in Streifen schneiden. 2 EL Öl in einer Pfanne erhitzen. Zwiebeln und Paprika darin bei mittlerer Hitze 3 Min. anbraten. Beiseite stellen.

3. Ein Backblech mit Öl ausstreichen. Den Teig noch mal durchkneten, auf der bemehlten Arbeitsfläche auf Blechgröße ausrollen und auf das Blech legen. Mit der Zwiebel-Paprika-Mischung und den Tomaten belegen, salzen. Mit einem Küchentuch abgedeckt noch mal 20 Min. an einem warmen Ort gehen lassen. Den Backofen auf 200° vorheizen.

4. Die *coca* mit dem restlichen Öl beträufeln und im heißen Ofen (Mitte, Umluft 180°) etwa 30 Min. backen. Nach Belieben die *chorizo* in 3 mm dicke Scheiben schneiden und 5 Min. vor Backzeitende auf der *coca* verteilen. Die *coca* zum Servieren in Stücke schneiden. Schmeckt warm oder kalt.

GETRÄNK: *sangría* (Seite 153) oder Bier

FÜR ANFÄNGER
PIKANT
ALLTAGSGERICHT

ZUBEREITUNG: 45 Min.
BACKEN: 12 Min.
PRO PORTION CA.: 475 kcal

FÜR 4 PERSONEN:

300 g grüner Spargel | Salz
4 reife Tomaten
1 große Zwiebel
2 Knoblauchzehen
1 rote Chilischote
100 g Serranoschinken (vom Metzger in 2 dicke Scheiben à 50 g schneiden lassen; S. 13)
6 EL Olivenöl | Pfeffer
100 g TK-Erbsen
100 g *chorizo* (S. 13) | 4 Eier

Außerdem:

4 *cazuelitas* (Tonschälchen, S. 15; ersatzweise andere feuerfeste Portionsförmchen)
Olivenöl für die *cazuelitas*

Eier nach Flamenco-Art

HUEVOS A LA FLAMENCA

1. Reichlich Wasser zum Kochen bringen. Den Spargel waschen, im unteren Drittel schälen, die trockenen Enden entfernen und die Stangen schräg dritteln. Im kochenden, gesalzenen Wasser 5 Min. blanchieren, abgießen, kalt abschrecken und abtropfen lassen.

2. Für den *sofrito* (siehe Seite 16/17) die Tomaten kreuzweise einritzen, überbrühen, häuten und entkernen. Das Fruchtfleisch in Würfel schneiden, dabei die Stielansätze entfernen. Die Zwiebel und den Knoblauch schälen und fein hacken. Die Chilischote waschen, putzen, längs aufschneiden, entkernen und fein würfeln. Den Schinken ebenfalls fein würfeln.

3. Das Öl in einem Topf erhitzen. Zwiebel und Knoblauch darin bei mittlerer Hitze etwa 3 Min. unter Rühren anbraten. Chili und Schinken dazugeben und 1 Min. mitbraten. Tomaten untermischen und leicht salzen und pfeffern. Halb zugedeckt bei schwacher Hitze 15 Min. schmoren, gelegentlich umrühren, bei Bedarf etwas Wasser dazugeben.

4. Den Ofen auf 180° vorheizen. Die *cazuelitas* leicht einölen und den *sofrito* hineingeben. Spargelstücke und Erbsen darauf geben. Die *chorizo* in Scheiben schneiden und darauf verteilen. Mit einem Esslöffel jeweils eine Vertiefung in die Oberfläche drücken und je 1 Ei vorsichtig hineinschlagen, ohne das Eigelb zu verletzen. Im heißen Ofen (Mitte, Umluft 160°) 10–12 Min. überbacken, bis die Eier gestockt sind. Mit Weißbrot servieren.

GARNIEREN: mit frisch gehackter Petersilie

GETRÄNK: leichter Weißwein oder Bier

Die *tortilla de patatas* ist in Spanien ein Grundnahrungsmittel, das warm oder kalt, pur oder auf einem Brötchen, zu jeder Zeit gegessen wird.

Kartoffel-Tortilla

TORTILLA DE PATATAS

1. Die Kartoffeln schälen und in Pommes-frites-Form oder in 3 mm dicke Scheiben schneiden. Die Frühlingszwiebeln putzen, waschen und mit dem zarten Grün in schräge Ringe schneiden. Nach Belieben den Knoblauch schälen und fein hacken.

2. In einer Pfanne (etwa 28 cm Ø) mit hohem Rand 3 cm hoch Öl erhitzen. Es ist heiß genug, wenn an einem Holzlöffelstiel, den man hineinhält, Bläschen aufsteigen. Die Kartoffeln mit einem Küchentuch abreiben und ins heiße Öl geben. Bei mittlerer Hitze in 7–8 Min. unter gelegentlichem Wenden braten.

3. Inzwischen die Eier in einer großen Schüssel leicht verquirlen, aber nicht schaumig schlagen, und mit je 1 kräftigen Prise Salz und Cayennepfeffer würzen.

4. Die Frühlingszwiebeln und nach Belieben den Knoblauch zu den Kartoffeln geben und 2 Min. mitbraten. Die Kartoffeln durch ein Sieb abgießen, dabei das Öl auffangen (es kann wiederverwendet werden), gut abtropfen lassen und salzen.

5. 2 EL von dem aufgefangenen Öl in der Pfanne erhitzen. Die Kartoffeln unter die verquirlten Eier mischen, die Masse in das heiße Öl gießen und darin bei starker Hitze 2 Min. anbraten. Die Temperatur reduzieren und die Tortilla zugedeckt bei schwacher bis mittlerer Hitze 6 Min. stocken lassen.

6. Die Tortilla wie unten gezeigt wenden und bei mittlerer Hitze in etwa 6 Min. fertig braten.

7. Mit sanftem Fingerdruck auf die Mitte prüfen, ob die Tortilla fertig ist: Wenn sie nicht mehr nachgibt, sondern sich fest anfühlt, ist sie fertig. Auf eine Platte stürzen und warm oder kalt servieren.

GARNIEREN: Die Tortilla in Tortenstücke oder Würfel schneiden und mit Holzspießchen zum Aufpicken servieren. In spanischen Bars wird sie auch gerne als Brötchenbelag angeboten.

GETRÄNK: Bier

VARIANTEN: Tortilla-Rezepte füllen in Spanien ganze Bücher, im Prinzip können Sie alles mit einbacken: Tunfisch, Schinkenstreifen, *chorizo*-Scheiben, Pilze, Zucchini, Artischocken, Erbsen, Paprikaschoten, Garnelen und vieles mehr.

FÜR ANFÄNGER
MILD
ALLTAGSGERICHT

ZUBEREITUNG: 40 Min.
PRO PORTION CA.: 380 kcal

FÜR 4 PERSONEN:

800 g vorwiegend fest kochende Kartoffeln
2–3 Frühlingszwiebeln
1 Knoblauchzehe (nach Belieben)
8 Eier
Salz | Cayennepfeffer

Außerdem:

neutrales Pflanzenöl zum Braten

1. Die gebratenen Kartoffeln unter die verquirlten Eier mischen und zusammen in die Pfanne gießen.

2. Zum Wenden der Tortilla einen flachen Deckel oder einen großen Teller auflegen und die Pfanne umdrehen.

3. Die Tortilla umgedreht wieder in die Pfanne gleiten lassen und auf der anderen Seite fertig braten.

FÜR ANFÄNGER
SAFTIG
ALLTAGSGERICHT

Paprika-Omelett

PIPERRADA

ZUBEREITUNG: 30 Min.
GAREN: 10 Min.
PRO PORTION CA.: 350 kcal

FÜR 4 PERSONEN:

4 reife Strauchtomaten
1 große Zwiebel
2 rote Paprikaschoten
150 g Serranoschinken (vom Metzger in 3 dicke Scheiben à 50 g schneiden lassen; S. 13)
6 Eier
1 TL edelsüßes Paprikapulver
Salz | Pfeffer
1 Knoblauchzehe
3 EL Olivenöl

1. Die Tomaten kreuzweise einritzen, überbrühen, häuten und entkernen (siehe Tipp Seite 17). Das Fruchtfleisch würfeln, dabei die Stielansätze entfernen. Die Zwiebel schälen, halbieren und in feine Spalten schneiden. Die Paprikaschoten halbieren, putzen, waschen und in feine Streifen schneiden. Den Serranoschinken ebenfalls in Streifen schneiden.

2. Die Eier in einer Schüssel leicht verquirlen und mit Paprikapulver, Salz und Pfeffer würzen. Den Knoblauch schälen und dazupressen.

3. Das Olivenöl in einer großen Pfanne (28–30 cm Ø) erhitzen. Die Zwiebel darin bei mittlerer Hitze 2 Min. anbraten. Die Paprikastreifen dazugeben und 3 Min. mitbraten. Die Tomatenwürfel und den Schinken untermischen und gleichmäßig in der Pfanne verteilen.

4. Die Eier darüber gießen und zugedeckt bei schwacher Hitze in etwa 10 Min. stocken lassen. Die *piperrada* aus der Pfanne auf eine Platte gleiten lassen. Sie schmeckt lauwarm am besten.

GARNIEREN: Die *piperrada* in Tortenstücke schneiden und grüne Oliven dazureichen.

GETRÄNK: Bier oder leichter Rotwein

VARIANTE: Vegetarier ersetzen den Schinken durch 2 grüne oder gelbe Paprikaschoten (mitbraten) und 1 Bund Frühlingszwiebeln (putzen, waschen, mit dem zarten Grün schräg in Scheiben schneiden und mit den Tomaten untermischen).

FÜR ANFÄNGER
SAFTIG
VON MALLORCA

Zucchinikuchen

COCA DE CALABACINES

ZUBEREITUNG: 35 Min.
BACKEN: 45 Min.
BEI 4 PERSONEN PRO PORTION CA.: 340 kcal

FÜR 3–4 PERSONEN:

800 g kleine Zucchini
Salz
4 reife Strauchtomaten
1 große Zwiebel
2 Knoblauchzehen
2 EL Olivenöl
1 TL edelsüßes Paprikapulver
100 g *manchego*-Käse (S. 13; ersatzweise Parmesan)
6 Eier
$^{1}/_{8}$ l Milch
1 TL rosenscharfes Paprikapulver
Muskatnuss, frisch gerieben

Außerdem:

1 runde Auflaufform (etwa 26 cm Ø)
Olivenöl für die Form

1. Die Zucchini waschen, putzen und in etwa $^{1}/_{2}$ cm dicke Scheiben schneiden, salzen und in einem Sieb 15 Min. Wasser ziehen lassen.

2. Inzwischen die Tomaten kreuzweise einritzen, überbrühen, häuten und entkernen (siehe Tipp Seite 17). Das Fruchtfleisch würfeln, dabei die Stielansätze entfernen. Die Zwiebel und die Knoblauchzehen schälen und fein hacken. Den Backofen auf 180° vorheizen.

3. Das Olivenöl in einer Pfanne erhitzen. Die Zwiebel und den Knoblauch darin bei mittlerer Hitze 2 Min. anbraten, das edelsüße Paprikapulver darüber streuen und 1 Min. weiterbraten. Vom Herd nehmen, die Tomatenwürfel untermischen und leicht salzen.

4. Die Auflaufform mit Öl ausstreichen. Die Zucchinischeiben mit Küchenpapier trockentupfen und in die Form geben. Die Zwiebel-Tomaten-Mischung esslöffelweise dazwischen verteilen.

5. Den Käse fein raspeln. Die Eier in einer Schüssel mit der Milch und dem Käse verquirlen und mit Salz, rosenscharfem Paprikapulver und Muskat würzen. Die Eiermasse über das Gemüse gießen. Den Zucchinikuchen im heißen Ofen (Mitte, Umluft 160°) etwa 45 Min. backen. Nach Belieben mit der Paprika-Tomaten-Sauce von Seite 108 übergießen.

GETRÄNK: *sangría* (Seite 153)

Gefüllte Teigtäschchen

EMPANADILLAS

1. Das Mehl in eine Schüssel sieben. Olivenöl, Milch, Rotwein und Salz in einer Tasse verrühren und dazugeben. Alles zu einem glatten Teig verkneten und zu einer Kugel formen. Zugedeckt 1 Std. ruhen lassen.

2. Für die **Hackfleischfüllung** die Rosinen in einer Tasse mit dem Brandy mischen (oder die Rosinen in lauwarmem Wasser einweichen). Die Zwiebel und den Knoblauch schälen und fein hacken. Das Öl in einer Pfanne erhitzen. Zwiebel und Knoblauch darin bei mittlerer Hitze etwa 2 Min. anbraten. Das Hackfleisch dazugeben und unter Rühren in etwa 4 Min. krümelig braten. Die Rosinen samt Brandy untermischen, mit Salz, Koriander, Kreuzkümmel und Zimt würzen und 1 Min. weiterbraten. Vom Herd nehmen und abkühlen lassen.

Für die **Kürbisfüllung** die Zwiebel und den Knoblauch schälen und fein hacken. Das Kürbisfleisch sehr klein würfeln. Die Chilischoten waschen, putzen, längs aufschneiden, entkernen und fein hacken. Das Öl in einer Pfanne erhitzen, Zwiebel, Knoblauch und Pinienkerne darin bei mittlerer Hitze 2 Min. anbraten. Den Kürbis und die Chilischoten dazugeben und etwa 3 Min. weiterbraten. Mit Salz, Pfeffer und Thymian würzen. Vom Herd nehmen und abkühlen lassen.

3. Den Teig auf der bemehlten Arbeitsfläche 1–2 mm dünn ausrollen. Mit einem Ausstecher (oder einem Glas) Teigkreise von etwa 10 cm Ø ausstechen. Jeweils 1 gehäuften TL Hackfleisch- oder Kürbisfüllung auf eine Kreishälfte geben, dabei den Rand frei lassen. Die andere Hälfte darüber klappen und die Ränder kordelförmig verdrehen.

4. In der Fritteuse oder einem großen Topf reichlich Öl zum Frittieren erhitzen. Es ist heiß genug, wenn an einem Holzlöffelstiel, den man hineinhält, kleine Bläschen aufsteigen. Jeweils 3–4 Teigtäschchen ins heiße Öl geben und in 5–6 Min. goldbraun frittieren, dabei gelegentlich wenden. Mit einem Schaumlöffel herausheben und auf Küchenpapier abtropfen lassen.

GETRÄNK: trockener Rotwein, z. B. Rioja

VARIANTEN: Sie können auch TK-Blätterteig für die *empanadillas* verwenden (dünn ausrollen und füllen) und frittieren oder auf dem Blech im heißen Backofen bei 200° (Mitte, keine Umluft) backen. Als Füllung schmeckt auch der Spinat mit Rosinen und Pinienkernen (Seite 50) fein.

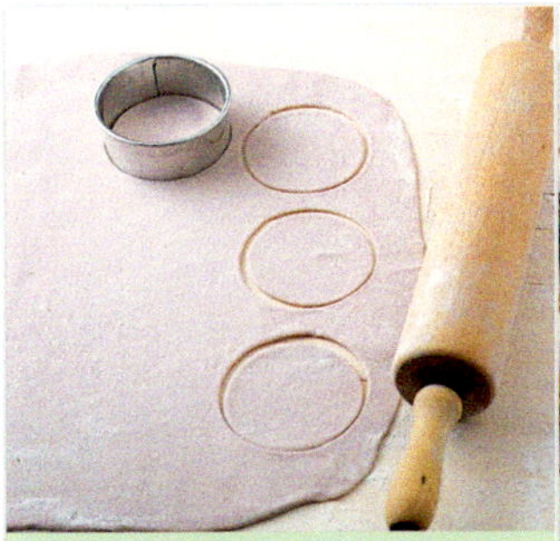

1. Den Teig dünn ausrollen und mit einem Ausstecher (oder einem Glas) 18 Teigkreise von etwa 10 cm Ø ausstechen.

2. Jeweils 1 gehäuften TL Füllung auf den Teig geben, dabei einen Rand frei lassen. Den Teig über der Füllung zusammenklappen.

3. Die Teigränder sorgfältig kordelförmig verdrehen, damit die Füllung nicht herausquillt.

FÜR GEÜBTE
KNUSPRIG
AUS GALICIEN

ZUBEREITUNG (MIT 1 FÜLLUNG): 50 Min.
RUHEN: 1 Std.
PRO STÜCK (MIT HACKFLEISCH) CA.: 135 kcal
PRO STÜCK (MIT KÜRBIS) CA.: 125 kcal

FÜR 18 STÜCK:

Für den Teig (mit 1 Füllung):
- etwa 200 g Mehl
- 6 EL Olivenöl
- 6 EL Milch
- 6 EL Rotwein
- 1/2 TL Salz

Für die Hackfleischfüllung:
- 1 EL Rosinen
- 1 EL spanischer Brandy (nach Belieben)
- 1 kleine Zwiebel
- 1 Knoblauchzehe
- 2 EL Olivenöl
- 150 g Lammhackfleisch (ersatzweise Rinderhack)
- Salz
- je 1 TL gemahlener Koriander und Kreuzkümmel
- 1/2 TL Zimtpulver

Für die Kürbisfüllung:
- 1 kleine Zwiebel
- 1 Knoblauchzehe
- 200 g Kürbisfleisch (geschält, ohne Kerne und Fasern)
- 2 rote Chilischoten
- 2 EL Olivenöl
- 1 EL Pinienkerne
- Salz | Pfeffer
- 1/2 TL getrockneter Thymian

Außerdem:
- Mehl für die Arbeitsfläche
- neutrales Pflanzenöl zum Frittieren

In Galicien gibt es *empanadas* in jeder *pastelería* (Konditorei) zu kaufen – etwas, das ich bei uns schwer vermisse …

FÜR GEÜBTE
SAFTIG
AUS GALICIEN

Tunfischpastete

EMPANADA DE ATÚN

ZUBEREITUNG: 45 Min.
RUHEN: 1 Std.
BACKEN: 30 Min.
PRO STÜCK CA.: 390 kcal

FÜR 12 STÜCK:

Für den Teig:

125 g Margarine (wahlweise Schweineschmalz oder Butter)
550 g Mehl
1 Päckchen Trockenhefe (7 g)
1 TL Salz
2 EL Olivenöl

Für die Füllung:

3 große Zwiebeln
3 Knoblauchzehen
1 große rote Paprikaschote
3 EL Olivenöl
Salz | Pfeffer
3 Dosen Tunfisch (in Öl; à 140 g Abtropfgewicht)

Außerdem:

Mehl für die Arbeitsfläche
1 Eigelb und 1 EL Olivenöl zum Bestreichen

1. Die Margarine in einem Töpfchen bei schwacher Hitze schmelzen. Das Mehl in eine große Schüssel sieben, die Trockenhefe und das Salz dazugeben. Nach und nach die flüssige Margarine und 375 ml lauwarmes Wasser mit den Knethaken des Handrührgeräts unterrühren.

2. Den Teig auf die Arbeitsfläche geben, das Öl dazugeben und 5 Min. mit den Händen kräftig durchkneten. Den Teig zu einer Kugel formen, die Schüssel darüber stülpen und 1 Std. ruhen lassen.

3. Inzwischen für die Füllung die Zwiebeln schälen und grob hacken. Die Knoblauchzehen schälen und fein hacken. Die Paprikaschote halbieren, putzen, waschen und in feine Streifen schneiden. Das Öl in einer Pfanne erhitzen. Zwiebeln, Knoblauch und Paprikastreifen darin bei mittlerer Hitze etwa 5 Min. braten. Mit Salz und reichlich Pfeffer würzen. Vom Herd nehmen und abkühlen lassen. Den Tunfisch in ein Sieb geben und abtropfen lassen.

4. Den Backofen auf 180° vorheizen. Ein Backblech mit Backpapier belegen. Etwas mehr als die Hälfte des Teiges auf der bemehlten Arbeitsfläche zu einer Größe von etwa 30 x 40 cm ausrollen, rechteckig zuschneiden und auf das Blech legen. Die Zwiebelmischung darauf verteilen, dabei einen 3 cm breiten Rand frei lassen. Den Tunfisch zerpflücken und gleichmäßig darüber geben.

5. Den restlichen Teig zu einer Größe von etwa 27 x 37 cm ausrollen und auf die Füllung legen. Den unteren freien Teigrand nach oben klappen und mit dem oberen kordelförmig verdrehen (vgl. Seite 61). Aus den Teigresten können Sie kleine Verzierungen (z. B. Fischchen) formen, diese auf der Unterseite befeuchten und auf der Oberfläche verteilen.

6. Das Eigelb in einer Tasse mit dem Öl verrühren und die *empanada* damit bestreichen. Im heißen Backofen (Mitte, Umluft 160°) etwa 30 Min. backen.

7. Die *empanada* aus dem Ofen nehmen, abkühlen lassen (siehe Tipp) und in Stücke schneiden. Nach Belieben lauwarm oder kalt servieren.

GARNIEREN: Eine große Platte mit Tortenspitze (Schreibwarengeschäft) belegen und die *empanada* darauf setzen.

GETRÄNK: Weißwein, z. B. Ribeiro

VARIANTE: Sie können den Teig für die *empanada* auch mit feinem Maismehl zubereiten und mit *berberechos,* einer Herzmuschelart, füllen.

TIPP!

Meine Zimmerwirtin Carmen in Santiago de Compostela hat mir den Trick verraten, wie die *empanada* schön saftig bleibt und die charakteristische dünne Teighülle bekommt: Wenn sie aus dem Ofen kommt, ein Küchentuch und eine angefeuchtete Zeitung darauf legen und die *empanada* lauwarm abkühlen lassen. Klappt perfekt!

Sopas, cocidos y arroces

Suppen, Eintöpfe und Reisgerichte

FÜR ANFÄNGER
ERFRISCHEND
AUS ANDALUSIEN

ZUBEREITUNG: 25 Min.
KÜHLEN: 2 Std.
PRO PORTION CA.: 260 kcal

FÜR 4 PERSONEN:

- 1,2 kg aromatische, reife Tomaten
- 1 grüne Paprikaschote
- 1 kleine Salatgurke
- 1 Zwiebel
- 1 Knoblauchzehe
- 100 g *miga* (altbackene Weißbrotkrume)
- 4 EL Weißweinessig
- 6 EL bestes Olivenöl
- Salz

Gazpacho

1. 1 Tomate für die Garnitur beiseite legen. Die restlichen Tomaten kreuzweise einritzen, überbrühen, häuten und entkernen (siehe Tipp Seite 17). Das Fruchtfleisch grob zerkleinern, dabei die Stielansätze entfernen, und in den Mixer geben. Die Paprika halbieren, putzen und waschen, eine Hälfte beiseite legen, den Rest klein würfeln und in den Mixer geben. Die Gurke schälen, längs halbieren und die Kerne herauskratzen. Ein etwa 10 cm großes Stück Gurke beiseite legen, den Rest grob würfeln und ebenfalls in den Mixer geben.

2. Die Zwiebel schälen, eine Hälfte beiseite legen und den Rest fein hacken. Die Knoblauchzehe schälen, ebenfalls fein hacken und mit der gehackten Zwiebel in den Mixer geben. Die Brotkrume mit 100 ml Wasser anfeuchten und ebenfalls in den Mixer dazugeben.

3. Alle Zutaten im Mixer 1–2 Min. fein pürieren. Den Essig, das Olivenöl, Salz und so viel kaltes Wasser (etwa 1/2 l) dazugeben und untermixen, dass eine cremige Suppe entsteht. Zugedeckt mind. 2 Std. in den Kühlschrank stellen. Zum Servieren die beiseite gelegte Tomate, die Paprikahälfte, das Gurkenstück und die Zwiebelhälfte sehr fein würfeln und auf einem Teller (getrennt voneinander) anrichten. Die Suppe in Suppentassen verteilen. Jeder streut bei Tisch nach Belieben ein paar Gemüsewürfel auf seinen *gazpacho*.

GARNIEREN: An heißen Sommertagen können Sie – wie in Andalusien üblich – noch ein paar Eiswürfel hinzufügen.

GETRÄNK: *rosado* (spanischer Roséwein)

VARIANTE: Statt Wasser können Sie auch guten Gemüsefond verwenden.

FÜR ANFÄNGER
MACHT WAS HER
FÜR GÄSTE

ZUBEREITUNG: 25 Min.
ABTROPFEN: 1 Std.
KÜHLEN: 3 Std.
PRO PORTION CA.: 85 kcal

FÜR 4 PERSONEN:

- 1 1/2 kg aromatische, reife Tomaten
- 1 Zweig Rosmarin
- Salz | Cayennepfeffer
- 1/2 Avocado
- 1 EL Zitronensaft

Geeiste Tomatensuppe

SOPA DE TOMATE HELADA

1. 1 Tomate beiseite legen. Die restlichen Tomaten waschen, grob zerkleinern, in einen Topf geben und bis knapp unter dem Siedepunkt erhitzen.

2. Ein Sieb mit einem sauberen Küchentuch auslegen. Den Rosmarinzweig waschen und in eine Schüssel legen, das Sieb in die Schüssel stellen. Die Tomaten in das Sieb abgießen und 1 Std. abtropfen lassen. Dann das Sieb mit den abgetropften Tomaten entfernen, das Küchentuch vorsichtig zusammendrehen und den restlichen Saft in die Schüssel auspressen (nicht zu heftig, sonst wird die Essenz trüb). Die Tomatenessenz mit Salz und Cayennepfeffer würzen und zugedeckt 3 Std. in den Kühlschrank stellen.

3. Vor dem Servieren die beiseite gelegte Tomate kreuzweise einritzen, überbrühen, häuten und entkernen (siehe Tipp Seite 17). Das Fruchtfleisch klein würfeln, dabei den Stielansatz entfernen, und im Kühlschrank abkühlen lassen. Die Avocado schälen, den Kern entfernen, das Fruchtfleisch ebenfalls klein würfeln. Sofort mit dem Zitronensaft mischen. (Wenn Sie bei der Avocadohälfte, die nicht gebraucht wird, den Kern belassen und die Schnittfläche mit Zitronensaft einreiben, können Sie sie 1–2 Tage im Kühlschrank aufbewahren.) Den Rosmarinzweig entfernen und die Tomatenessenz in kleine Suppentassen verteilen. Jeweils ein paar Tomaten- und Avocadowürfel darauf geben und sofort servieren.

GARNIEREN: Servieren Sie die geeiste Tomatensuppe auf Crushed Ice: Wenn Sie keinen Icecrusher besitzen, füllen Sie Eiswürfel in einen Vorratsbeutel, legen ein Handtuch darüber und zerkleinern die Eiswürfel auf einer festen Unterlage mit einem Fleischklopfer. Das Eis mit je 1 TL Salz in passende Glasschüsselchen füllen und die Suppentassen hineinstellen.

GETRÄNK: Cava (spanischer Sekt) oder *rosado* (spanischer Roséwein)

VARIANTE: Wer keine Avocado mag, garniert die Suppe mit gerösteten Weißbrotwürfelchen.

Von jeher bereitet man in Andalusien den *ajo blanco* im Mörser zu, was Ausdauer erfordert und bei ungeübten Armen schon mal zu Muskelkater führen kann. Allerdings hat kaum jemand bei uns einen so großen Steinmörser. Sie können das feine Knoblauchsüppchen deshalb auch gerne im Mixer zubereiten.

Knoblauch-Mandel-Suppe

AJO BLANCO

FÜR ANFÄNGER
CREMIG
AUS MÁLAGA

ZUBEREITUNG: 50 Min.
KÜHLEN: 3 Std.
PRO PORTION CA.: 565 kcal

FÜR 4 PERSONEN:

250 g *miga* (altbackene Weißbrotkrume)
150 g Mandeln
5 Knoblauchzehen (s. Tipp)
Salz
6 EL bestes Olivenöl
2 EL Sherryessig
100 g weiße Weintrauben (am besten Muskatellertrauben)

1. Die *miga* in eine Schüssel bröseln, mit 150 ml Wasser befeuchten und etwa 30 Min. einweichen.

2. Inzwischen die Mandeln 1 Min. in kochendem Wasser ziehen lassen, abgießen und häuten. Die Mandeln auf einem Küchentuch ausbreiten, auskühlen und trocknen lassen (siehe Seite 16).

3. Die Knoblauchzehen schälen und grob hacken. Die Mandeln ebenfalls grob hacken. Knoblauch und Mandeln in einen großen Mörser (oder Mixer) füllen und mit 1/4 TL Salz in etwa 8 Min. (im Mixer 3 Min.) fein zerstampfen bzw. pürieren.

4. Die eingeweichte *miga* zur Knoblauch-Mandel-Mischung geben und alles in weiteren 5–10 Min. (im Mixer 2 Min.) zu einer feinen Paste verarbeiten.

5. Nach und nach esslöffelweise das Olivenöl hinzufügen und unterarbeiten, bis die Masse eine cremige Konsistenz bekommt. Den Sherryessig unterrühren und noch 1 Min. weiterstampfen bzw. -mixen.

6. Die Masse in eine Suppenterrine (oder Schüssel) füllen und mit dem Schneebesen nach und nach etwa 1/2 l eiskaltes Wasser unterrühren. Die Suppe mit Salz abschmecken und zugedeckt 2–3 Std. in den Kühlschrank stellen.

7. Vor dem Servieren die Weintrauben waschen, halbieren und eventuell entkernen. Den *ajo blanco* nach Belieben mit je 1–2 Eiswürfeln in Schalen verteilen und mit den Weintrauben anrichten.

GETRÄNK: Manzanilla (Sherry)

VARIANTE: In edlen Restaurants werden die Trauben geschält. Sie können die Suppe auch mit Apfelstückchen, Melonenkugeln und/oder eingeweichten Rosinen garnieren.

TIPP!

Achten Sie bei kalten Suppen und Mayonnaisen darauf, wirklich frischen Knoblauch zu verwenden. Wenn sich im Inneren der Zehen schon grüne Triebe gebildet haben, schmeckt er oft ein wenig penetrant. Wenn Sie keinen anderen zur Hand haben, sollten Sie die Triebe zumindest entfernen und die Knoblauchmenge eventuell ein wenig reduzieren.

Hier und auf der nächsten Doppelseite finden Sie einfache, bäuerliche Gerichte, wie sie so oder so ähnlich in fast jeder Region Spaniens gerne gegessen werden.

FÜR ANFÄNGER
PREISWERT
ALLTAGSGERICHT

ZUBEREITUNG: 20 Min.
GAREN: 30 Min.
PRO PORTION CA.: 400 kcal

FÜR 4 PERSONEN:

- 1 Knoblauchknolle (etwa 10 große Zehen)
- 6 EL Olivenöl
- 1 l Hühnerbrühe (selbst gemacht oder Instant)
- 1 Zweig frischer Thymian
- 1 Lorbeerblatt
- 4 Scheiben altbackenes Weißbrot (etwa 200 g)
- 4 sehr frische Eier
- Salz | Pfeffer (nach Belieben)

Knoblauchsuppe mit Ei

SOPA DE AJO

1. Den Knoblauch schälen, 2 große Zehen beiseite legen, den Rest sehr fein hacken. 2 EL Öl in einem Topf erhitzen und den gehackten Knoblauch darin goldgelb anbraten. Die Brühe angießen und zum Kochen bringen. Den Thymianzweig waschen und mit dem Lorbeer dazugeben. Zugedeckt bei schwacher Hitze 30 Min. leise kochen lassen.

2. Die übrigen Knoblauchzehen längs halbieren. Die Brotscheiben damit auf beiden Seiten kräftig einreiben. 2 EL Öl in einer Pfanne erhitzen, die Brotscheiben darin portionsweise unter Zugabe des restlichen Öls bei mittlerer Hitze in 2–3 Min. von beiden Seiten goldbraun braten.

3. Je 1 geröstete Brotscheibe in einen Suppenteller legen. Jeweils 1 Ei vorsichtig darauf schlagen, ohne das Eigelb zu verletzen. Die Brühe mit Salz abschmecken, nach Belieben pfeffern und kochend heiß darüber gießen.

GETRÄNK: trockener Rotwein oder Bier

VARIANTE: Auf den Kanarischen Inseln pochiert man die Eier kurz in der Brühe (jeweils in eine Suppenkelle schlagen, in die siedende Brühe gleiten lassen und darin bei ganz schwacher Hitze 2–3 Min. gar ziehen lassen). Wer nicht gerne auf Knoblauchstückchen beißt, kann die Brühe auch durch ein Sieb abgießen.

FÜR ANFÄNGER
PREISWERT
ALLTAGSGERICHT

ZUBEREITUNG: 50 Min.
PRO PORTION CA.: 240 kcal

FÜR 4 PERSONEN:

- 1 getrocknete rote Paprikaschote
- 1 kleine Stange Lauch
- 1 Möhre
- 1 Zwiebel
- 1 Knoblauchzehe
- 400 g weißer Seefisch (z. B. Seehecht, Seelachs oder Kabeljau)
- 400 ml Fischfond (aus dem Glas)
- 4 EL Olivenöl
- 1 kleine Scheibe altbackenes Weißbrot (etwa 30 g)
- 1 Tomate
- Salz | Pfeffer

Einfache Fischsuppe

SOPA DE PESCADO

1. Die Paprikaschote in warmem Wasser einweichen. Den Lauch putzen, mit dem zarten Grün klein schneiden, gründlich waschen und abtropfen lassen. Die Möhre putzen, schälen und klein schneiden. Die Zwiebel und die Knoblauchzehe schälen und klein hacken.

2. Den Fisch kalt abspülen, trockentupfen und in nicht zu kleine Stücke schneiden. Den Fond und 400 ml Wasser in einem Topf zum Kochen bringen und die Fischstücke darin bei schwacher Hitze 7–8 Min. ziehen lassen.

3. Inzwischen das Öl in einem zweiten Topf erhitzen. Das Brot darin bei mittlerer Hitze in 2–3 Min. von beiden Seiten goldbraun rösten, herausnehmen und in den Mörser geben. Zwiebel, Knoblauch, Möhre und Lauch in das Öl geben und darin bei mittlerer Hitze 5 Min. unter Rühren braten. Die Tomate waschen, klein schneiden und hinzufügen. Die Fischbrühe durch ein Sieb angießen und zum Kochen bringen. (Die Fischstücke beiseite stellen.)

4. Die eingeweichte Paprikaschote grob zerkleinern und im Mörser mit dem gerösteten Brot und je 1/4 TL Salz und Pfeffer fein zerstampfen. 3–4 EL Fischbrühe aus dem Topf dazugeben, damit daraus eine feine Paste wird. Die Würzpaste unter die Suppe mischen und bei mittlerer Hitze weitere 10 Min. kochen lassen.

5. Die Suppe nach Belieben pürieren und wieder erhitzen. Die Fischstücke einlegen und zugedeckt bei schwacher Hitze noch 2–3 Min. ziehen lassen.

GARNIEREN: mit frisch gehackter Petersilie

GETRÄNK: Weißwein, z. B. Ribeiro

VARIANTEN: In Spanien nimmt man für diese Art von einfacher Fischsuppe als Einlage auch mal einen schönen Seehechtkopf oder andere »Fischabfälle«, die vorher separat gekocht und in Stücke zerpflückt werden. Mit dem Gemüse können Sie noch gewürfelten Schinken oder Speck anbraten und statt Fisch oder auch zusätzlich im Dampf gegarte Muscheln hinzufügen.

FÜR ANFÄNGER
WÜRZIG
ALLTAGSGERICHT

Kartoffeln mit Chorizo

PATATAS A LA RIOJANA

ZUBEREITUNG: 30 Min.
GAREN: 20 Min.
PRO PORTION CA.: 445 kcal

FÜR 4 PERSONEN:

750 g kleine fest kochende Kartoffeln
2 Zwiebeln
2 Knoblauchzehen
2 rote Paprikaschoten
200 g *chorizo* (S. 13)
3 EL Olivenöl
1/2 l Fleischbrühe (Instant; ersatzweise Gemüsebrühe)
Pfeffer | Salz

1. Die Kartoffeln schälen und längs vierteln. Die Zwiebeln schälen, längs halbieren und in Spalten schneiden. Den Knoblauch schälen und fein hacken. Die Paprikaschoten halbieren, putzen, waschen und in Streifen schneiden. Die *chorizo* in 1 cm dicke Scheiben schneiden.

2. Das Öl in einer Schmorpfanne erhitzen. Zwiebeln und Knoblauch darin bei mittlerer Hitze etwa 2 Min. anbraten. Die Paprikaschoten und die *chorizo* dazugeben und 3 Min. weiterbraten. Die Kartoffeln hinzufügen und 2 Min. unter Rühren mitbraten.

3. Die Brühe angießen und alles zugedeckt bei schwacher Hitze in etwa 20 Min. fertig garen. Mit reichlich Pfeffer würzen und eventuell leicht salzen.

GARNIEREN: mit frisch gehackter Petersilie

GETRÄNK: einfacher Rotwein oder Bier

VARIANTE: Sie können die *patatas a la riojana* auch mit mehlig kochenden Kartoffeln, 1 l Fleischbrühe (Instant) und 1 Lorbeerblatt als Suppe zubereiten.

FÜR ANFÄNGER
RESTEESSEN
VON DEN KANAREN

Rindfleischtopf mit Kichererbsen

ROPA VIEJA

ZUBEREITUNG: 1 Std.
BEI 6 PERSONEN
PRO PORTION CA.: 420 kcal

FÜR 4–6 PERSONEN:

1 rote Paprikaschote (ersatzweise 1 gehäutete Paprikaschote aus dem Glas)
2 reife Tomaten (ersatzweise 100 g stückige Tomaten aus der Dose)
1 Zwiebel
4 Knoblauchzehen
1/2 Bund Petersilie
8 EL Olivenöl
1 gehäufter TL rosenscharfes Paprikapulver
1/2 TL getrockneter Thymian
2 Lorbeerblätter
1 große Dose Kichererbsen (480 g Abtropfgewicht)
500 g gekochtes Rindfleisch vom Vortag
2 Möhren
4 große vorwiegend fest kochende Kartoffeln (etwa 800 g)
Salz

1. Für den *sofrito* (siehe Seite 16/17) die frische Paprika grillen, häuten, putzen und in Stücke schneiden (Paprika aus dem Glas vorher in einem Sieb abtropfen lassen). Die Tomaten kreuzweise einritzen, überbrühen, häuten und entkernen. Das Fruchtfleisch würfeln, dabei die Stielansätze entfernen. Die Zwiebel und den Knoblauch schälen und hacken. Die Petersilie waschen und trockenschütteln, die Blätter fein schneiden.

2. In einem Schmortopf 4 EL Öl erhitzen, die Zwiebel und die Hälfte des Knoblauchs darin bei mittlerer Hitze etwa 3 Min. unter Rühren anbraten. Die Paprikastücke, das Paprikapulver, die Tomatenwürfel und die Petersilie unterrühren. Thymian und Lorbeerblätter hinzufügen. Alles halb zugedeckt bei schwacher Hitze etwa 15 Min. schmoren, dabei gelegentlich umrühren und bei Bedarf etwas Wasser angießen.

3. Inzwischen die Kichererbsen in ein Sieb abgießen, gründlich abbrausen und abtropfen lassen. Das Fleisch in 1 cm große Würfel schneiden. Die Möhren putzen, schälen und klein würfeln. Die Kartoffeln schälen und in kleine Stücke schneiden.

4. In einer großen Pfanne das restliche Öl erhitzen und den übrigen Knoblauch und die Kartoffelstücke darin bei mittlerer Hitze in 12–15 Min. unter gelegentlichem Wenden weich braten.

5. Währenddessen die Kichererbsen, das Fleisch und die Möhren in den Schmortopf dazugeben, salzen. 1/2 l Wasser angießen, zum Kochen bringen und alles zugedeckt bei mittlerer Hitze schmoren, bis die Kartoffeln weich sind.

6. Die Kartoffeln salzen, in den Schmortopf dazugeben und untermischen. Zugedeckt bei abgeschaltetem Herd noch 5 Min. ziehen lassen.

GARNIEREN: mit frisch gehackter Petersilie

GETRÄNK: einfacher Rotwein oder Bier

VARIANTEN: Wörtlich übersetzt heißt *ropa vieja* »alte Wäsche« oder »altes Zeug«. Es ist ein Resteessen, in das auch noch andere Zutaten wie gekochtes Hähnchenfleisch, Wurst oder Schinken wandern können. Ein paar Fäden Safran verleihen dem Gericht zusätzlich Würze und Farbe. Statt mit Wasser können Sie den Rindfleischtopf auch mit Brühe ablöschen (Step 5).

CERVEJA
BIERE
CERVEZA
PARIS 1979
VIENNA 1980

Bei Kutteln scheiden sich gewöhnlich die Geister: Die einen würden sie nicht mit der Kneifzange anrühren, geschweige denn essen, die anderen lieben sie über alles – für Letztere darf dieses Rezept natürlich nicht fehlen.

Madrider Kutteleintopf

CALLOS A LA MADRILEÑA

FÜR GEÜBTE
PREISWERT
AUS MADRID

ZUBEREITUNG: 50 Min.
GAREN: 3 Std. + 1 Std.
PRO PORTION CA.: 635 kcal

FÜR 4 PERSONEN:

800 g küchenfertige Kalbskutteln (beim Metzger vorbestellen)
2–3 EL Essig
1 Kalbsfuß (beim Metzger vorbestellen)
1 ganze Knoblauchknolle + 2 Knoblauchzehen
2 Lorbeerblätter
Salz
1 Zwiebel
2 Tomaten (ersatzweise 100 g stückige Tomaten aus der Dose)
1 dicke Scheibe Serranoschinken (100 g; S. 13)
6 EL Olivenöl
1 EL edelsüßes Paprikapulver
400 ml Gemüsefond (aus dem Glas)
1 getrocknete Chilischote (nach Belieben)
100 g *chorizo* (S. 13)
100 g *morcilla* (S. 13)
Pfeffer (nach Belieben)

1. Die Kutteln in große Stücke schneiden, zuerst gründlich in Essigwasser, dann einige Male in klarem Wasser waschen. Die Stücke in einen großen Topf geben, mit Wasser bedecken, zum Kochen bringen und 5 Min. kochen lassen. Durch ein Sieb abgießen.

2. Reichlich frisches Wasser in den Topf geben, die Kutteln wieder hineingeben. Den Kalbsfuß waschen und dazulegen. Die Knoblauchknolle im Ganzen, 1 Lorbeerblatt und 1/2 TL Salz hinzufügen, zum Kochen bringen und halb zugedeckt bei schwacher Hitze etwa 3 Std. kochen lassen. Kutteln und Kalbsfuß abgießen und etwas abkühlen lassen.

3. Für den *sofrito* (siehe Seite 16/17) die Zwiebel und die beiden Knoblauchzehen schälen und fein hacken. Die Tomaten kreuzweise einritzen, überbrühen, häuten und entkernen. Das Fruchtfleisch würfeln, dabei die Stielansätze entfernen. Den Serranoschinken klein würfeln.

4. Das Öl in einem Schmortopf erhitzen. Die Zwiebel und den Knoblauch darin bei mittlerer Hitze 3 Min. unter Rühren anbraten. Den Schinken und das Paprikapulver hinzufügen und 1 Min. mitbraten. Die Tomaten und das verbliebene Lorbeerblatt dazugeben, mit dem Gemüsefond ablöschen. Halb zugedeckt bei mittlerer Hitze 15 Min. kochen lassen.

5. Die Kutteln in mundgerechte Stücke oder Streifen schneiden. Den Kalbsfuß auslösen und ebenfalls in Stücke schneiden. Kutteln und Kalbsfuß unter den *sofrito* mischen und nach Belieben die getrocknete Chilischote dazubröseln. Bei starker Hitze 5 Min. kochen lassen.

6. Die *chorizo* in 1 cm dicke Scheiben schneiden und ebenfalls untermischen. Den Eintopf halb zugedeckt bei schwacher Hitze noch etwa 40 Min. leise kochen lassen, dabei gelegentlich umrühren und bei Bedarf etwas Wasser angießen.

7. Die *morcilla* in Scheiben schneiden, hinzufügen und 15 Min. mitkochen lassen. Die Kutteln mit Salz und nach Belieben Pfeffer würzen. Am besten schmecken sie übrigens aufgewärmt. Wenn Sie es also einrichten können, kochen Sie den Eintopf bereits am Vortag und wärmen ihn vor dem Servieren auf.

GETRÄNK: einfacher Rotwein, z. B. Cebreros

VARIANTEN: Dies ist eine etwas vereinfachte Version des Rezeptes für zu Hause. Die Madrilenen essen die *callos* am liebsten in ihrer Stammkneipe, denn aus dem großen Kessel schmecken sie noch mal so gut. Da lohnt es sich nämlich, aus einem ganzen Schinkenknochen, Möhren, Lauch, Lorbeer und Nelken erst einmal eine kräftige Brühe zu kochen, durch die der Eintopf ein besonders rundes Aroma bekommt. In Galicien bereitet man die Kutteln übrigens mit Kichererbsen *(callos y garbanzos)* ohne *chorizo* und *morcilla* zu und brät mit Zwiebeln und Knoblauch noch frisch gehackte Petersilie und klein gewürfelte Möhren an.

TIPP!

Im Schnellkochtopf brauchen Kutteln und Kalbsfuß nur etwa 30 Min. zum Vorkochen.

FÜR ANFÄNGER
VEGETARISCH
ALLTAGSGERICHT

Geschmortes Gemüse

PISTO MANCHEGO

ZUBEREITUNG: 55 Min.
PRO PORTION CA.: 275 kcal

FÜR 4 PERSONEN:

4 Eier
2 rote Paprikaschoten (ersatzweise gehäutete Paprikaschoten aus dem Glas)
3 reife Tomaten
2 grüne Paprikaschoten
2 große Zucchini
2 Zwiebeln
6 EL Olivenöl
Salz | Pfeffer

1. Die Eier in kochendem Wasser in etwa 10 Min. hart kochen, kalt abschrecken und abkühlen lassen.

2. Die frischen roten Paprikaschoten grillen, häuten, putzen (siehe Küchengeheimnis Seite 17) und in kleine Stücke schneiden (Paprikaschoten aus dem Glas vorher abtropfen lassen). Die Tomaten kreuzweise einritzen, überbrühen, häuten und entkernen (siehe Tipp Seite 17). Das Fruchtfleisch in Würfel schneiden, dabei die Stielansätze entfernen.

3. Die grünen Paprikaschoten halbieren, putzen, waschen und klein würfeln. Die Zucchini putzen, waschen und ebenfalls klein würfeln.

4. Die Zwiebeln schälen und fein hacken. Das Öl in einer großen Schmorpfanne erhitzen und die Zwiebeln darin bei mittlerer Hitze in 2–3 Min. glasig braten. Die roten Paprikaschoten und die Tomaten dazugeben und 5 Min. schmoren.

5. Die grünen Paprikaschoten und die Zucchini ebenfalls dazugeben und alles zugedeckt bei mittlerer Hitze 10–15 Min. (je nachdem, wie weich Sie das Gemüse mögen) schmoren, dabei gelegentlich umrühren. Mit Salz und Pfeffer würzen.

6. Die Eier pellen und halbieren. Den *pisto* in Tonschalen füllen und mit je 2 Eihälften garniert servieren.

GARNIEREN: mit frisch gehackter Petersilie

GETRÄNK: trockener Rotwein, z. B. Rioja

VARIANTE: Sie können auch Auberginenwürfel mitschmoren und die Eier nicht hart kochen, sondern leicht verquirlen, 5 Min. vor Ende der Garzeit unter das Gemüse rühren und stocken lassen.

FÜR ANFÄNGER
MILDWÜRZIG
FÜR GÄSTE

Baskischer Tunfischeintopf

MARMITAKO

ZUBEREITUNG: 45 Min.
PRO PORTION CA.: 755 kcal

FÜR 4 PERSONEN:

2 Zwiebeln | 3 Knoblauchzehen
1 grüne Paprikaschote
4 große vorwiegend fest kochende Kartoffeln (etwa 800 g)
4 EL Olivenöl
200 ml trockener Weißwein (ersatzweise Wasser + 2 EL Zitronensaft)
1 Lorbeerblatt
400 ml Fischfond (aus dem Glas)
800 g frischer Tunfisch (küchenfertig, ohne Haut und Gräten)
1 Scheibe altbackenes Weißbrot (etwa 50 g)
Salz
2 *piquillo*-Paprikaschoten (aus der Dose; S. 11)

1. Die Zwiebeln und 2 Knoblauchzehen schälen und fein hacken. Die grüne Paprikaschote halbieren, putzen, waschen und in kleine Stücke schneiden. Die Kartoffeln schälen und in mittelgroße Würfel schneiden.

2. Das Öl in einer *cazuela* (Seite 15) oder einem großen Topf erhitzen. Die Zwiebeln, den Knoblauch und die Paprikastücke darin bei mittlerer Hitze 3–4 Min. unter Rühren anbraten. Die Kartoffelwürfel hinzufügen und 2 Min. mitbraten. Mit dem Weißwein ablöschen und das Lorbeerblatt dazugeben.

3. Den Fischfond angießen und so viel Wasser hinzufügen, dass die Kartoffeln bedeckt sind. Zum Kochen bringen und offen bei mittlerer Hitze etwa 8 Min. kochen lassen.

4. Inzwischen den Tunfisch kalt abspülen, mit Küchenpapier trockentupfen und in etwa 3 cm große Würfel schneiden.

5. Die übrige Knoblauchzehe schälen und in den Mörser geben. Das Brot entrinden und dazugeben. Mit 1 Prise Salz fein zerstampfen. Die *piquillo*-Paprikaschoten abtropfen lassen, grob zerkleinern und dazugeben. Im Mörser alles zu einer feinen Paste verarbeiten.

6. Die Würzpaste in den Eintopf rühren, mit Salz abschmecken. Den Tunfisch dazugeben und den *marmitako* zugedeckt in etwa 10 Min. fertig garen. Der Fisch muss gar sein, darf aber noch nicht zerfallen.

GARNIEREN: Der *marmitako* wird traditionell in *cazuelitas* (Tonschälchen, Seite 15) serviert.

GETRÄNK: Sie meinen, Rotwein zu Fisch passt nicht? Zum *marmitako* schon, z. B. ein Gran Feudo aus Navarra.

Die *zarzuela* ist das spanische Pendant zur Wiener Operette, und genauso bunt und vielfältig soll die *zarzuela de mariscos* sein, der sie ihren Namen gab.

Meeresfrüchteeintopf

ZARZUELA DE MARISCOS

FÜR GEÜBTE
EDEL
AUS KATALONIEN

ZUBEREITUNG: 1 Std. 45 Min.
PRO PORTION CA.: 565 kcal

FÜR 6 PERSONEN:

3 Tomaten
1 große Zwiebel
4 Scheiben Seeteufelfilet (à 100 g)
4 Scheiben Wolfsbarsch (à 100 g; ersatzweise 1 ganzer Fisch, quer zur Hauptgräte in etwa 4 cm dicke Scheiben geschnitten)
4 Scheiben Seehecht (à 100 g)
8 küchenfertig geschälte rohe Riesengarnelen
250 g frische Tintenfischringe
500 g küchenfertige Miesmuscheln (s. Tipp S. 24)
250 g küchenfertige Venusmuscheln
$^{3}/_{4}$ l trockener Weißwein
8 EL Olivenöl
Salz
etwa 4 EL Mehl
1 Lorbeerblatt
400 ml Fischfond (aus dem Glas)
Cayennepfeffer

Für die *picada*:

2 Scheiben altbackenes Weißbrot (etwa 100 g)
20 gehäutete Mandeln (s. S. 16 oder fertig gekauft)
$^{1}/_{2}$ TL Safranfäden
2 Knoblauchzehen
2 Stängel Petersilie
Salz | Cayennepfeffer

Außerdem:

1 Zitrone

1. Die Tomaten einritzen, überbrühen, häuten und entkernen (siehe Tipp Seite 17). Das Fruchtfleisch klein würfeln, dabei die Stielansätze entfernen. Die Zwiebel schälen und fein hacken.

2. Die Fische, Riesengarnelen und Tintenfischringe kalt abspülen und mit Küchenpapier trockentupfen.

3. Die Mies- und Venusmuscheln gründlich waschen. Beschädigte Muscheln wegwerfen, die übrigen in einem Sieb abtropfen lassen. Den Weißwein in einem Topf erhitzen, die Muscheln darin zugedeckt bei mittlerer Hitze 4–5 Min. garen, dabei den Topf gelegentlich rütteln. Die Muscheln durch ein Sieb abgießen, dabei den Weinsud auffangen. Die Miesmuscheln auslösen, die Venusmuscheln in der Schale belassen. Ungeöffnete Exemplare wegwerfen.

4. 4 EL Öl in einer großen Pfanne erhitzen. Das Brot für die *picada* (siehe Seite 16/17) entrinden und darin bei mittlerer Hitze von beiden Seiten in 2–3 Min. goldbraun rösten, herausnehmen und in den Mörser geben. Die Riesengarnelen und die Tintenfischringe in die Pfanne geben und im verbliebenen Bratöl bei starker Hitze von jeder Seite 1–2 Min. anbraten, salzen und herausnehmen. Die Pfanne nicht auswaschen.

5. Eine *cazuela* (Seite 15; ersatzweise einen Schmortopf) bereitstellen. Die Fischscheiben salzen und in wenig Mehl wenden. Das restliche Öl in der Pfanne erhitzen und die Fischscheiben darin portionsweise bei starker Hitze von jeder Seite 1 Min. anbraten. Herausheben und im Wechsel mit den Tintenfischringen und den Muscheln in die *cazuela* schichten. Die Riesengarnelen obenauf legen.

6. Die Zwiebel in die Pfanne geben und im verbliebenen Bratöl bei mittlerer Hitze 2–3 Min. unter Rühren anbraten. Die Tomaten und das Lorbeerblatt hinzufügen und 2 Min. mitbraten. Den Weinsud durch ein feines Sieb dazugießen, den Fischfond ebenfalls dazugießen und bei starker Hitze 5 Min. einkochen lassen. Mit Salz und Cayennepfeffer kräftig abschmecken, dann über Fische und Meeresfrüchte in die *cazuela* gießen, so dass alles gerade eben mit Flüssigkeit bedeckt ist, bei Bedarf noch etwas Wasser angießen. Einmal aufkochen und zugedeckt bei schwacher Hitze 10 Min. leise kochen lassen.

7. Den Backofen auf 200° vorheizen. Inzwischen für die *picada* die Mandeln in einem Pfännchen ohne Fett unter Rühren goldbraun rösten. Zum Schluss den Safran dazugeben und $^{1}/_{2}$ Min. mitrösten. Die Knoblauchzehen schälen und grob zerkleinern. Die Petersilie waschen und trockenschütteln, die Blätter grob hacken. Mandeln, Safran, Knoblauch, Petersilie und je 1 Prise Salz und Cayennepfeffer mit dem gerösteten Brot im Mörser fein zerstampfen. 6–7 EL Fischbrühe aus der *cazuela* unterrühren, so dass eine dickflüssige Masse entsteht.

8. Die *picada* über die *zarzuela* verteilen und etwas unterrühren. Den Eintopf im heißen Backofen (unten, Umluft 180°) in etwa 10 Min. offen fertig garen.

9. Die Zitrone auspressen. Die *zarzuela* aus dem Backofen nehmen, mit dem Zitronensaft beträufeln und in der *cazuela* servieren.

GARNIEREN: mit frisch gehackter Petersilie

GETRÄNK: Cava (spanischer Sekt) oder trockener Weißwein, z. B. Chardonnay der DO Penedès

VARIANTE: Die oben genannte Mischung aus Edelfischen und Meeresfrüchten ist für besondere Anlässe gedacht. Im Prinzip können Sie alle Seefische außer Makrele, Hering und Lachs (die sind zu fett und würden der *zarzuela* einen etwas tranigen Beigeschmack geben) verwenden.

Die *fideuà* ist sozusagen eine *paella* mit Nudeln und wird wie diese in der *paella*-Pfanne zubereitet.

FÜR ANFÄNGER
FÜR GÄSTE
AUS VALENCIA

ZUBEREITUNG: 50 Min.
PRO PORTION CA.: 570 kcal

FÜR 4 PERSONEN:

- 12 mittelgroße ungeschälte rohe Garnelen (etwa 300 g)
- 400 g Seeteufelfilet
- 2 Tomaten
- 1 Zwiebel
- 2 Knoblauchzehen
- 10 Safranfäden
- 1 TL edelsüßes Paprikapulver
- Salz
- 2 EL Olivenöl
- 800 ml Fischfond (aus dem Glas)
- 400 g *fideos* (kurze Fadennudeln; S. 160)
- 2 EL frisch gehackte Petersilie

Außerdem:

- 1 *paella*-Pfanne (S. 15)

Nudel-Paella mit Meeresfrüchten

FIDEUÀ DE MARISCOS

1. Die Garnelen kalt abspülen und mit Küchenpapier trockentupfen. Das Seeteufelfilet ebenfalls kalt abspülen, trockentupfen und in $1^1/_2$ cm große Würfel schneiden.

2. Die Tomaten einritzen, überbrühen, häuten und entkernen (siehe Tipp Seite 17). Das Fruchtfleisch klein würfeln, dabei die Stielansätze entfernen. Die Zwiebel schälen und fein hacken.

3. Den Knoblauch schälen und mit dem Safran, dem Paprikapulver und 1 Prise Salz im Mörser fein zerstoßen.

4. Das Öl in der *paella*-Pfanne erhitzen und die Zwiebel darin bei mittlerer Hitze 2–3 Min. anbraten. Die Tomaten hinzufügen und 3 Min. unter Rühren mitbraten. Den Fond angießen, die Würzmischung aus dem Mörser hinzufügen und alles zum Kochen bringen.

5. Den Fond mit etwas Salz und Paprikapulver abschmecken. Den Fisch und die Nudeln untermischen und bei mittlerer Hitze 7–8 Min. offen kochen lassen.

6. Die Garnelen auf der Nudelpfanne verteilen, mit der Petersilie bestreuen und in 2 Min. fertig garen. Vom Herd nehmen und zugedeckt (siehe Tipp) 5 Min. ruhen lassen.

TIPP!

In Spanien verwendet man zum Abdecken der *paella*-Pfanne einfach eine gefaltete Zeitung, die den aufsteigenden Wasserdampf optimal absorbiert.

FÜR ANFÄNGER
PREISWERT
ALLTAGSGERICHT

ZUBEREITUNG: 50 Min.
PRO PORTION CA.: 500 kcal

FÜR 4 PERSONEN:

- 400 g frische Makrelenfilets
- 1 Zwiebel
- 2 Knoblauchzehen
- 2 grüne Paprikaschoten
- 2 mittelgroße fest kochende Kartoffeln
- 4 EL Olivenöl
- Salz | Pfeffer
- 1 Lorbeerblatt
- 1 Döschen gemahlener Safran (0,1 g)
- 200 g *fideos* (kurze Fadennudeln; S. 160)
- $^1/_2$ Bund Petersilie

Andalusischer Nudeltopf

CAZUELA DE FIDEOS A LA ANDALUZA

1. Die Makrelenfilets kalt abspülen, trockentupfen, eventuelle Gräten mit einer Pinzette herausziehen. Die Filets in 6–8 cm große Stücke schneiden.

2. Die Zwiebel und den Knoblauch schälen und fein hacken. Die Paprikaschoten halbieren, putzen, waschen und in kleine Würfel schneiden. Die Kartoffeln schälen und in kleine Stücke schneiden.

3. Das Öl in einer *paella*-Pfanne (Seite 15) oder einem Topf erhitzen. Die Zwiebel und den Knoblauch darin bei mittlerer Hitze 2 Min. anbraten. Die Paprikawürfel dazugeben und 2–3 Min. mitbraten. Mit Salz und Pfeffer würzen. Das Lorbeerblatt und den Safran hinzufügen.

4. 1 l Wasser angießen und zum Kochen bringen. Die Kartoffeln und 1 kräftige Prise Salz unterrühren und alles bei mittlerer Hitze 5–6 Min. kochen lassen.

5. Die Nudeln und die Fischstücke untermischen und 7–8 Min. weiterkochen lassen. Inzwischen die Petersilie waschen und trockenschütteln, die Blätter fein hacken und kurz vor Ende der Garzeit über den Nudeltopf streuen. Vom Herd nehmen und zugedeckt (siehe Tipp oben) noch 5 Min. ruhen lassen.

GETRÄNK: trockener Weißwein oder Bier

VARIANTE: Makrele ist ein eher fetter Fisch. Wer ihn nicht mag, kann auch Seehecht oder Kabeljau verwenden.

A

Die *paella* ist eigentlich die Henkelpfanne, in der das weltberühmte Reisgericht zubereitet wird, und Rezepte gibt es ungefähr so viele wie Valencianer. Dabei ist Kochen nämlich (ausnahmsweise) Männersache: Auf einem Dreibein über dem offenen Feuer wird die *paella* im Freien zubereitet.

Paella auf valencianische Art

PAELLA VALENCIANA

FÜR GEÜBTE
BUNT UND LECKER
MITTAGESSEN FÜR FESTE

ZUBEREITUNG: 1 Std. 30 Min.
PRO PORTION CA.: 695 kcal

FÜR 6 PERSONEN:

150 g TK-Erbsen
2 große reife Tomaten
1 große rote Paprikaschote
4 Knoblauchzehen
2 Kaninchenkeulen (wahlweise 500 g mageres Schweinefleisch)
1 kleines Brathähnchen (etwa 1 kg)
250 g frische Tintenfischringe
12 große Miesmuscheln (s. Tipp S. 24)
6 EL Olivenöl
Salz
3/4 l Hühnerbrühe (selbst gemacht oder Instant)
1 TL Safranfäden (0,5 g)
1 EL edelsüßes Paprikapulver
300 g *paella*-Reis (spanischer Rundkornreis; S. 161)
400 g ungeschälte mittelgroße rohe Garnelen

Außerdem:

1 große *paella*-Pfanne (S. 15)

1. Die Erbsen aus dem Tiefkühlfach nehmen und antauen lassen. Die Tomaten einritzen, überbrühen, häuten und entkernen (siehe Tipp Seite 17). Das Fruchtfleisch würfeln, dabei die Stielansätze entfernen. Die Paprikaschote vierteln, putzen, waschen und in feine Streifen schneiden. Den Knoblauch schälen und fein hacken.

2. Die Kaninchenkeulen auslösen und das Fleisch in mundgerechte Stücke schneiden. Das Hähnchen mit einem scharfen Messer entlang des Brustbeins und des Rückgrats halbieren, die Flügel und die Keulen heraus- und im Gelenk durchschneiden (siehe Seite 131). Die Brustfilets vom Knochen und jeweils quer in 3 Stücke schneiden. Die Hähnchenteile kalt abspülen und trockentupfen.

3. Die Tintenfischringe kalt abbrausen und in einem Sieb abtropfen lassen. Die Muscheln unter fließendem kaltem Wasser abbürsten, gründlich waschen und eventuell entbarten. Beschädigte Muscheln aussortieren und wegwerfen, die übrigen in einem Sieb abtropfen lassen.

4. In der *paella*-Pfanne 4 EL Öl erhitzen, die Paprika darin bei starker Hitze 1 Min. anbraten. Herausfischen und beiseite stellen. Die Hähnchenteile ins heiße Öl geben und bei mittlerer Hitze in 10 Min. rundum goldbraun braten. Den Knoblauch und die Kaninchenstücke dazugeben und 5 Min. mitbraten. Salzen und herausnehmen.

5. Das restliche Öl in der Pfanne erhitzen, die Tintenfischringe, die Muscheln und die Tomaten darin bei starker Hitze 2 Min. braten. Die Fleischstücke samt Fleischsaft wieder in die Pfanne dazugeben.

6. Die Brühe angießen und zum Kochen bringen. Den Safran und das Paprikapulver unterrühren, die Erbsen hinzufügen und die Brühe mit Salz kräftig würzen (späteres Nachsalzen der *paella* ist schwierig).

7. Den Reis hinzufügen, gleichmäßig in der Pfanne verteilen und ab jetzt nicht mehr umrühren. Die *paella* bei starker Hitze 12 Min. kochen lassen.

8. Die Garnelen kalt abspülen und mit Küchenpapier trockentupfen. Die Hitze reduzieren. Die Garnelen und die angebratenen Paprikastreifen dekorativ auf der Oberfläche verteilen und die *paella* bei schwacher Hitze in etwa 8 Min. fertig garen. Vom Herd nehmen und vor dem Servieren zugedeckt (siehe Tipp Seite 80) noch einige Min. ruhen lassen.

GARNIEREN: mit Zitronenspalten

GETRÄNK: Am besten passt zur *paella* ein kräftiger Rotwein, z. B. Utiel-Requena.

VARIANTEN: Dies ist die Art, wie man die *paella* in Valencia zubereitet, wobei statt der Erbsen oft Prinzessbohnen verwendet werden und das Hähnchenfleisch gleich ausgelöst und in mundgerechte Stücke geschnitten wird. In Alicante wird der Reis erst einige Min. im Öl glasig gebraten und dann die Brühe angegossen. Über die richtige Methode lässt sich trefflich streiten. Ich empfehle Ihnen dazu das Büchlein »Paella-Impressionen« von Corina König-Linek (siehe Literaturtipps, Seite 159).

INFO

Die oben beschriebene Zubereitung klappt auf einem Gasherd sehr gut. Wenn Sie einen Elektroherd haben, geben Sie die *paella* die letzten 8 Min. mit Alufolie abgedeckt bei 140° in den heißen Backofen (unten, keine Umluft).

Hier noch zwei weitere Reisgerichte, die mit dem feinen Rundkornreis aus Valencia ganz besonders gut schmecken.

FÜR ANFÄNGER
ZART AROMATISCH
VON DER COSTA BLANCA

ZUBEREITUNG: 50 Min.
PRO PORTION CA.: 560 kcal

FÜR 4 PERSONEN:

2 kg Venusmuscheln (s. Tipp S. 24)
2 Knoblauchzehen
1 grüne Paprikaschote
1 Bund Petersilie
4 EL Olivenöl
400 g *paella*-Reis (spanischer Rundkornreis; S. 161)
800 ml Gemüsebrühe (Instant)
Salz

Reis mit Venusmuscheln

ARROZ CON ALMEJAS

1. Die Muscheln gründlich waschen. Beschädigte Exemplare aussortieren und wegwerfen, die übrigen in ein Sieb geben und abtropfen lassen. Den Knoblauch schälen und fein hacken. Die Paprikaschote halbieren, putzen, waschen und klein würfeln. Die Petersilie waschen und trockenschütteln, die Blätter fein hacken, die Stängel beiseite legen.

2. Das Öl in einer *paella*-Pfanne (Seite 15) oder einem Topf erhitzen. Knoblauch und Paprikaschote darin bei mittlerer Hitze 2 Min. anbraten. Den Reis dazugeben, 2 Min. unter Rühren glasig werden lassen. Die Brühe angießen und zum Kochen bringen. Den Reis bei schwacher Hitze etwa 12 Min. leise kochen lassen.

3. Inzwischen in einem großen Topf 1/4 l Wasser zum Kochen bringen, 1 gestrichenen TL Salz und die Petersilienstängel hinzufügen. Die Muscheln darin zugedeckt bei starker Hitze 4–5 Min. garen, bis sich die Schalen geöffnet haben, dabei den Topf gelegentlich rütteln. Durch ein Sieb abgießen, dabei den Sud auffangen. Ungeöffnete Exemplare wegwerfen. Das Muschelfleisch aus den offenen Schalen lösen, dabei 1 Hand voll Muscheln für die Dekoration in der Schale belassen.

4. Das Muschelfleisch mit der gehackten Petersilie unter den Reis mischen. Den Muschelsud durch ein feines Sieb dazugießen und unterrühren, die Deko-Muscheln darauf verteilen. Bei schwacher Hitze etwa 8 Min. weiterkochen lassen, bis der Reis fertig ist. Vom Herd nehmen und zugedeckt (siehe Tipp Seite 80) noch 5 Min. ruhen lassen.

GETRÄNK: fruchtiger Weißwein, z. B. Castillo Jumilla

FÜR ANFÄNGER
VEGETARISCH
ALLTAGSGERICHT

ZUBEREITUNG: 35 Min.
GAREN: 20 Min.
PRO PORTION CA.: 570 kcal

FÜR 4 PERSONEN:

1 kleiner Blumenkohl (s. Tipp)
3 reife Tomaten
2 Knoblauchzehen
4 junge Artischocken
1/2 Zitrone
1 l Gemüsebrühe (Instant)
4 EL Olivenöl
1 gehäufter TL rosenscharfes Paprikapulver
400 g *paella*-Reis (spanischer Rundkornreis; S. 161)
200 g aufgetaute TK-Erbsen
1 Döschen Safran (0,1 g)
Salz

Gemüsereis

ARROZ HUERTANO

1. Den Blumenkohl putzen, in kleine Röschen teilen, gut waschen und in einem Sieb abtropfen lassen. Die Tomaten kreuzweise einritzen, überbrühen, häuten und entkernen (siehe Tipp Seite 17). Das Fruchtfleisch in kleine Würfel schneiden, dabei die Stielansätze entfernen. Den Knoblauch schälen und fein hacken.

2. Die Artischocken waschen. Die Stiele jeweils knapp am Artischockenboden abschneiden. Die äußeren harten Blätter entfernen und die Blattspitzen mit einer Schere kappen. Die Artischocken vierteln und dabei das Heu im Inneren entfernen. Die Schnittstellen sofort mit der Zitrone einreiben. Die Gemüsebrühe erhitzen.

3. Das Öl in einer *paella*-Pfanne (Seite 15) oder einem großen Topf erhitzen. Knoblauch, Blumenkohl und Tomaten hineingeben und bei mittlerer Hitze 3 Min. unter Rühren anbraten. Das Paprikapulver darüber streuen und 1/2 Min. mitbraten. Die heiße Gemüsebrühe angießen und zum Kochen bringen. Den Reis, die Erbsen und die Artischocken hinzufügen. Den Safran und 1 kräftige Prise Salz unterrühren. Erst 10–12 Min. bei starker Hitze, dann 8–10 Min. bei schwacher Hitze garen.

GETRÄNK: *rosado* (spanischer Roséwein)

TIPP!

Gemüse aus ökologischem Anbau ist immer eine gute Wahl, bei Blumenkohl aber besonders ratsam, wenn man ihn nicht in Salzwasser kocht und damit Kunstdünger und Spritzmittel »abwäscht«.

Pescados y mariscos

Spanische Spezialitäten mit Fisch und Meeresfrüchten

Hier drei klassische kalte Saucen, ohne die für einen Spanier gegrillter oder gebratener Fisch nur halb so gut schmeckt.

Knoblauchmayonnaise

ALL-I-OLI

FÜR GEÜBTE
CREMIG
AUS KATALONIEN

ZUBEREITUNG: 15 Min.
PRO PORTION CA.: 265 kcal

FÜR 6 PERSONEN:

6 Knoblauchzehen
1 gestrichener TL Salz
1 sehr frisches Eigelb
1 EL Zitronensaft
1/4 l bestes Olivenöl

1. Die Knoblauchzehen schälen und fein hacken. Mit dem Salz in den Mörser geben und sehr fein zerstoßen. Das Eigelb und den Zitronensaft dazugeben und alles zu einer cremigen Paste stampfen.

2. Das Öl erst tropfenweise, dann in dünnem Strahl dazugeben und unterrühren, bis eine dicke Mayonnaise entsteht.

VARIANTE: Ein Katalane wird Ihnen sagen, dass in eine echte *all-i-oli* ausschließlich Knoblauch und Öl gehören. Sehr frischer Knoblauch wird im Mörser zu feinstem Mus zerstampft, dann wird sehr langsam das Öl untergerührt. Aber selbst katalanischen Hausfrauen gelingt sie so oft nicht auf Anhieb!

Paprika-Vinaigrette

SALSA VINAGRETA

FÜR ANFÄNGER
WÜRZIG
AUS KASTILIEN

ZUBEREITUNG: 25 Min.
PRO PORTION CA.: 215 kcal

FÜR 4 PERSONEN:

1 Ei | 2 reife Tomaten
je 1 rote und grüne Spitzpaprikaschote
2 Schalotten
4 EL Sherryessig
Salz | Pfeffer
8 EL bestes Olivenöl
1 EL frisch gehackte Petersilie

1. Das Ei in kochendem Wasser in etwa 10 Min. hart kochen, kalt abschrecken und abkühlen lassen. Die Tomaten kreuzweise einritzen, überbrühen, häuten und entkernen (siehe Tipp Seite 17). Das Fruchtfleisch in sehr kleine Würfel schneiden, dabei die Stielansätze entfernen.

2. Die Paprikaschoten halbieren, putzen, waschen und in millimeterkleine Würfelchen schneiden. Die Schalotten schälen und ebenso klein schneiden.

3. Den Essig mit je 1/4 TL Salz und Pfeffer verrühren. Das Öl unterschlagen, bis eine cremige Emulsion entsteht. Das Ei pellen und sehr fein hacken. Mit den Tomaten- und Paprikawürfelchen, den Schalotten und der Petersilie untermischen.

VARIANTE: Statt Paprikawürfelchen können Sie auch die doppelte Menge Tomatenwürfelchen, 2 EL gehackte Kapern (aus dem Glas) und je 1 EL frisch gehackte Petersilie und Estragon untermischen.

Tomaten-Nuss-Sauce

SALSA ROMESCO

FÜR ANFÄNGER
PIKANT
AUS TARRAGONA

ZUBEREITUNG: 40 Min.
PRO PORTION CA.: 255 kcal

FÜR 4 PERSONEN:

2 *ñoras* (getrocknete rundliche Paprikaschoten; S. 11)
2 reife Strauchtomaten
20 gehäutete Mandeln (s. S. 16 oder fertig gekauft)
20 Haselnüsse | 6 EL Olivenöl
1 Scheibe altbackenes Weißbrot (etwa 50 g)
3 Knoblauchzehen
1–2 EL Sherryessig
Salz | Pfeffer

1. Die *ñoras* 30 Min. in warmem Wasser einweichen. Die Tomaten einritzen, überbrühen, häuten und quer halbieren.

2. In einer kleinen Pfanne die Mandeln und Haselnüsse ohne Fett unter Rühren goldbraun rösten. Vom Herd nehmen und abkühlen lassen. Die Haselnusshäutchen, die leicht abgehen, abreiben.

3. In einer mittelgroßen Pfanne 3 EL Öl erhitzen. Das Brot entrinden und im heißen Öl bei mittlerer Hitze in 2–3 Min. von beiden Seiten goldbraun braten. Herausnehmen. Den Knoblauch schälen, die ganzen Zehen in die Pfanne geben und goldbraun rösten. Die Tomaten mit der Schnittfläche nach unten in die Pfanne dazugeben und 2 Min. mitrösten.

4. Die *ñoras* abgießen, abtropfen lassen und grob hacken. Mit den Mandeln, den Haselnüssen, dem Brot, dem Knoblauch und den Tomaten in den Mixer geben und mittelfein pürieren. Das restliche Öl unterrühren und mit Essig, Salz und Pfeffer abschmecken. Bis zum Servieren in den Kühlschrank stellen.

Das folgende Meeresfrüchtegericht ist luxuriös und einfach zugleich – die Zutaten sind teuer, aber die Zubereitung gelingt so leicht, dass auch Küchenneulinge damit glänzen können.

FÜR ANFÄNGER
EDEL
FÜR GÄSTE

ZUBEREITUNG: 20 Min.
+ Zeit zum Anheizen des Grills
PRO PORTION CA.: 290 kcal

FÜR 4 PERSONEN:

20 ungeschälte rohe Riesengarnelen (mit Kopf)
12–16 Kaisergranate (mit Kopf und Scheren)
100 ml Olivenöl
2 Knoblauchzehen
Salz

Meeresfrüchte vom Grill

LANGOSTINOS Y CIGALAS A LA PARILLA

1. Den Grill anheizen. Die Meeresfrüchte kalt abspülen und sorgfältig mit Küchenpapier trockentupfen.

2. Das Öl in eine Tasse geben. Den Knoblauch schälen und dazupressen. 1 Prise Salz dazugeben und verrühren. Die Meeresfrüchte damit rundherum bestreichen.

3. Die Meeresfrüchte auf den Grill legen und bei starker Hitze von jeder Seite 2–3 Min. grillen, dabei nach dem Wenden noch mal mit dem Knoblauchöl einpinseln.

GARNIEREN: Für jeden Meeresfrüchtefreund ist es ein sinnliches Vergnügen, die Tiere eines nach dem anderen mit den Händen zu schälen, in die Sauce zu tunken und abzubeißen – Fingerablecken inbegriffen. Stellen Sie deshalb für jeden Gast eine Fingerschale mit Wasser und ein paar Zitronenscheiben darin bereit.

BEILAGEN: reichlich knuspriges Weißbrot und 2–3 der kalten Saucen von Seite 88

GETRÄNK: Cava (spanischer Sekt) oder trockener Weißwein

VARIANTE: In Spanien nicht ganz so verbreitet, aber für kalte Büfetts von Vorteil ist es, von den Riesengarnelen die Köpfe zu entfernen und sie längs samt Panzer zu halbieren (und den schwarzen Darmfaden zu entfernen). In einer Pfanne Öl erhitzen und die Hälften darin mit etwas gehacktem Knoblauch bei starker Hitze von jeder Seite 2 Min. braten. Etwas frisch gehackte Petersilie und Salz darüber streuen und warm oder kalt mit *all-i-oli* (Seite 88) anbieten. So lässt sich das schmackhafte Fleisch manierlich mit einer Gabel aus dem Panzer schälen.

FÜR ANFÄNGER
SUPERSCHNELL GEMACHT
KLASSIKER

ZUBEREITUNG: 15 Min.
PRO PORTION CA.: 235 kcal

FÜR 2 PERSONEN:

1 große Tintenfischtube (Sepia; etwa 25 cm lang, küchenfertig gehäutet)
3 EL Olivenöl
2 Knoblauchzehen
Meersalz, frisch gemahlen

Tintenfisch a la plancha

SEPIA A LA PLANCHA

1. Die Tintenfischtube mit einem scharfen Messer längs auseinander schneiden, gründlich kalt abspülen und mit Küchenpapier trockentupfen. Die Oberfläche ganz leicht mit einem scharfen Messer rautenförmig einritzen.

2. Das Öl in einer großen Eisenpfanne (vgl. *plancha*, Seite 15) stark erhitzen. Die Knoblauchzehen ungeschält mit einem Messer etwas zerdrücken und hinzufügen. Die Sepiahälften einlegen und von jeder Seite 2 Min. braten, dabei mit einem Pfannenwender flach drücken, weil sie sich leicht einrollen. Etwas Meersalz darüber mahlen und heiß servieren.

GARNIEREN: Den Tellerrand mit Blattsalaten, Paprikastreifen und Tomatenachteln garnieren und einen großen Klecks *all-i-oli* (Seite 88) dazugeben.

BEILAGE: knuspriges Weißbrot

GETRÄNK: trockener Weißwein

VARIANTEN: Sie können auch *langostinos* und *cigalas* auf diese Weise *a la plancha* bzw. in der Eisenpfanne zubereiten. Ebenfalls sehr schmackhaft sind die kleinen Kalmare *(chipirones)*, die besonders in den Hafenstädten in vielen Bars als warme *tapa* angeboten werden: Als Hauptgericht für 2 Personen 500 g kleine Kalmare kalt abspülen und abtropfen lassen, den Kopf mit den Tentakeln herausziehen. Die Tentakel abschneiden und die Köpfe entfernen. Die durchsichtigen Rückenschilde herausziehen. Die Bäuche in Ringe schneiden. Tentakel und Ringe trockentupfen und in wenig Mehl wenden, bei starker Hitze unter gelegentlichem Wenden 3–4 Min. in der Pfanne in heißem Olivenöl braten und salzen. Sofort heiß jeweils mit 1/2 Zitrone zum Beträufeln servieren.

Der *pulpo* wird bei galicischen Volksfesten in großen Kesseln zubereitet und auf Holztellern serviert.

FÜR ANFÄNGER
AROMATISCH
FÜR FESTE

ZUBEREITUNG: 15 Min.
GARZEIT: etwa 45 Min.
PRO PORTION CA.: 295 kcal

FÜR 4 PERSONEN:

1 Zwiebel
3 Lorbeerblätter
1 TL schwarze Pfefferkörner
2 küchenfertige Oktopusse (à 500–600 g)
8 EL bestes Olivenöl
grobes Meersalz
1–2 TL edelsüßes Paprikapulver

Oktopus auf galicische Art

PULPO GALLEGO

1. In einem großen Topf 5 l Wasser zum Kochen bringen. Die Zwiebel ungeschält halbieren und mit dem Lorbeer und dem Pfeffer dazugeben. Die Oktopusse in reichlich Wasser waschen. Jeden Oktopus einzeln am Körper festhalten und die Fangarme dreimal jeweils 30 Sek. in das kochende Wasser tauchen, bis die Arme sich einrollen. Dann ganz ins Wasser gleiten lassen und offen bei mittlerer Hitze 35–45 Min. kochen lassen.

2. Stechen Sie nach 35 Min. mit einem spitzen Messer in die dickste Stelle eines Fangarmes. Geht das leicht, ist der *pulpo* fertig, sonst 5–10 Min. weiterkochen lassen.

3. Die Oktopusse herausnehmen und etwas abtropfen lassen. Die Fangarme mit einer Küchenschere (oder auf einem Küchenbrett mit dem Messer) in knapp 1 cm dicke Scheiben schneiden und auf Holzteller verteilen. Jeweils 2 EL Olivenöl darüber träufeln und mit grobem Meersalz und Paprikapulver bestreuen.

BEILAGE: Salzkartoffeln

GETRÄNK: Nach altem Aberglauben darf zum *pulpo* nur Rotwein, kein Wasser getrunken werden, weil der Tintenfisch sich sonst im Magen verschlingen würde …

FÜR GEÜBTE
PREISWERT
VON TENERIFFA

ZUBEREITUNG: 1 Std.
GAREN: 20 Min.
PRO PORTION CA.: 450 kcal

FÜR 4 PERSONEN:

8 Kalmare (10–12 cm groß)
100 g *miga* (altbackene Weißbrotkrume)
50 ml trockener Weißwein
2 Zwiebeln | 3 Knoblauchzehen
1/2 Bund Petersilie
2 EL Olivenöl | 2 EL Pinienkerne
Salz | Pfeffer
Muskatnuss, frisch gerieben

Für den sofrito:

1/2 Bund Petersilie
1 Dose gehäutete Paprikaschoten (390 g Abtropfgewicht; s. Bezugsadressen S. 159)
1 Zwiebel | 2 Knoblauchzehen
6 EL Olivenöl
800 g stückige Tomaten (aus der Dose)

Außerdem:

8 Holzzahnstocher

Gefüllte Kalmare

CALAMARES RELLENOS

1. Die Kalmare kalt abspülen und abtropfen lassen. Den Kopf mit den Tentakeln herausziehen und herausschneiden, beiseite legen. Die Flossen abschneiden, beiseite legen. Die durchsichtigen Rückenschilde entfernen und die Haut abziehen. Die Kalmarbäuche innen und außen kalt abspülen und trockentupfen.

2. Für die Füllung von den Kalmarköpfen die Tentakel abschneiden und klein schneiden. Das Auge herausschneiden und wegwerfen, die festen Teile des Kopfes klein würfeln. Die Flossen klein schneiden. Die *miga* in ein Schüsselchen geben, mit dem Wein befeuchten und aufweichen lassen. Die Zwiebeln und den Knoblauch schälen und fein hacken. Die Petersilie (auch gleich die für den *sofrito*) waschen und trockenschütteln, die Blätter fein hacken.

3. Das Öl in einer Pfanne erhitzen. Zwiebeln, Knoblauch und Pinienkerne darin bei mittlerer Hitze 2 Min. unter Rühren braten. Die Kalmarstückchen dazugeben und bei starker Hitze 2 Min. unter Rühren mitbraten. Die Hälfte der Petersilie untermischen. Mit Salz, Pfeffer und Muskatnuss würzen. Abkühlen lassen.

4. Die *miga* mit der abgekühlten Kalmarmischung verkneten und die Kalmarbäuche damit (nicht zu voll) füllen. Mit Zahnstochern feststecken. Eventuell übrige Füllung mit den Kalmaren zum *sofrito* geben.

5. Für den *sofrito* (siehe Seite 16/17) die Paprikaschoten abtropfen lassen und in kleine Stücke schneiden. Zwiebel und Knoblauch schälen und fein hacken. In einer *cazuela* (Seite 15) oder einem Schmortopf das Öl erhitzen. Zwiebel und Knoblauch darin bei mittlerer Hitze 2–3 Min. unter Rühren anbraten. Tomaten, Paprika und restliche Petersilie dazugeben und offen 5 Min. schmoren. Die Kalmare in den *sofrito* einlegen und zugedeckt bei schwacher Hitze 20 Min. garen, gelegentlich wenden. Mit Salz und Pfeffer abschmecken.

GARNIEREN: mit Petersilienblättchen

BEILAGE: Weißbrot oder Reis

GETRÄNK: Rotwein, z. B. Rioja

VARIANTE: Bei uns gibt es oft bereits küchenfertig vorbereitete Tintenfischtuben zum Füllen. Wenn Sie diese verwenden wollen, kaufen Sie dazu etwa 200 g Mini-Tintenfischchen für die Füllung.

FÜR ANFÄNGER
SÜSS-PIKANT
AUS DER EXTREMADURA

ZUBEREITUNG: 30 Min.
WÄSSERN: 24 Std.
GAREN: 25 Min.
PRO PORTION CA.: 565 kcal

FÜR 4 PERSONEN:

500 g Klippfisch (s. Info)
50 g Rosinen
2 Zwiebeln
8 Sardellenfilets (in Öl)
3 EL Mehl
2 EL Olivenöl
2 EL Pinienkerne
1 Lorbeerblatt | 1 Zimtstange
1/2 TL Zucker
Muskatnuss, frisch gerieben
400 ml Gemüsefond (aus dem Glas, ersatzweise Instant-Gemüsebrühe)
1 Scheibe altbackenes Weißbrot (etwa 50 g)
1/2 TL Safranfäden (0,2 g)
Cayennepfeffer

Klippfisch mit Rosinen

BACALAO CON PASAS

1. Den Fisch in etwa 8 cm große Stücke teilen und mit der Hautseite nach unten 11 Std. mit kaltem Wasser bedeckt in eine Schüssel legen. Das Wasser wechseln und weitere 11 Std. wässern. Für die letzte Wässerung handwarmes Wasser nehmen und den Fisch darin noch 2 Std. wässern.

2. Die Rosinen in einer Tasse mit lauwarmem Wasser bedeckt einweichen. Die Zwiebeln schälen und fein hacken. Die Sardellen abtropfen lassen und ebenfalls fein hacken. Die Fischstücke häuten und die Gräten entfernen. Noch einmal kalt abspülen, trockentupfen und im Mehl wenden.

3. Das Öl in einer Schmorpfanne erhitzen. Zwiebeln darin bei starker Hitze 2 Min. anbraten. Fischstücke dazugeben und von jeder Seite 3 Min. braten. Die Rosinen abgießen, mit den Sardellen, 1 EL Pinienkernen, Lorbeerblatt, Zimtstange, Zucker und 1 Prise Muskat dazugeben und alles 2 Min. mitbraten. Den Fond angießen, zum Kochen bringen und zugedeckt bei mittlerer Hitze 10 Min. kochen lassen.

4. Das Brot entrinden, im Mörser mit den übrigen Pinienkernen, Safran und 1 Prise Cayennepfeffer zerstampfen. Mit 4 EL Brühe aus der Pfanne verrühren. Unter die Sauce rühren und zugedeckt bei schwacher Hitze weitere 10–15 Min. schmoren.

BEILAGE: Reis oder Salzkartoffeln

GETRÄNK: Weißwein, z. B. Chardonnay

INFO

Echter *bacalao*, Stockfisch, ist gesalzener Kabeljau, der zum Trocknen auf Stöcke aufgespießt wird. Klippfisch wird ebenfalls aus Kabeljau gewonnen, wobei er in größere Stücke geschnitten, gesalzen und zum Trocknen auf windigen Klippen ausgelegt wird. Beide müssen vor dem Kochen gewässert werden.

FÜR ANFÄNGER
MILD-WÜRZIG
PREISWERT

ZUBEREITUNG: 25 Min.
BACKEN: 20 Min.
PRO PORTION CA.: 335 kcal

FÜR 4 PERSONEN:

12 größere küchenfertige Sardinen (etwa 1 kg)
Salz | Pfeffer
4 Knoblauchzehen
1 Bund frischer Oregano
2 große Fleischtomaten
4 EL Semmelbrösel
5 EL Olivenöl

Außerdem:

Olivenöl für die Form

Gratinierte Sardinen

SARDINAS GRATINADAS

1. Die Köpfe der Sardinen nach Belieben abschneiden. Die Fische innen und außen kalt abspülen, trockentupfen, salzen und pfeffern. Den Ofen auf 200° vorheizen.

2. Den Knoblauch schälen und fein hacken. Den Oregano waschen und trockenschütteln, die Blättchen grob hacken und mit dem Knoblauch vermischen. Die Tomaten waschen und quer in dünne Scheiben schneiden, dabei die Stielansätze entfernen.

3. Eine große feuerfeste Form gut mit Öl ausstreichen und die Tomaten dachziegelartig einschichten. Salzen, pfeffern und die Hälfte der Knoblauch-Oregano-Mischung darüber streuen. Die Sardinen dicht an dicht darauf legen. Die restliche Knoblauchmischung mit den Semmelbröseln und dem Olivenöl verrühren und über die Sardinen verteilen. Im heißen Ofen (Mitte, Umluft 180°) etwa 20 Min. backen.

4. 1 Sardine mit einem spitzen Messer anstechen. Löst sich das Fleisch leicht von den Gräten, sind die Sardinen fertig.

BEILAGE: Weißbrot

GETRÄNK: Weißwein oder Bier

VARIANTEN: Sardinen schmecken auch vom Grill ausgezeichnet. In Galicien salzt man sie, füllt sie mit etwas frisch gehackter Petersilie und Knoblauch und streicht sie während des Grillens mit Olivenöl ein. Am besten eignen sich dazu die »fetten« Sardinen des Frühsommers. In den *Rías bajas* der galicischen Westküste wäscht man auch gerne die unausgenommenen Sardinen in Meerwasser, streut grobes Meersalz darauf, wickelt sie in Weinblätter ein und grillt sie darin. Wenn man nicht darüber nachdenkt, schmecken sie köstlich, ist aber nur bei fangfrischen Fischen zu empfehlen.

FÜR ANFÄNGER
WÜRZIG
AUS DER NAVARRA

ZUBEREITUNG: 20 Min.
PRO PORTION CA.: 405 kcal

FÜR 2 PERSONEN:

2 küchenfertige Forellen (à 250–300 g)
Salz
2 Scheiben Serranoschinken (30 g; S. 13)
2–3 EL Mehl
4 EL Olivenöl
2 Knoblauchzehen
1 Zitrone

Forelle mit Schinken

TRUCHA CON JAMÓN

1. Die Forellen innen und außen kalt abspülen und mit Küchenpapier trockentupfen. Die Forellen außen von beiden Seiten salzen. Jeweils mit 1 Scheibe Serranoschinken füllen (eventuell längs falten, der Schinken darf aber ruhig ein wenig aus dem Bauch herausragen).

2. Das Mehl auf einen großen Teller geben und die Forellen darin wenden, das überschüssige Mehl abklopfen.

3. Das Öl in einer großen Pfanne erhitzen. Die Knoblauchzehen ungeschält mit einem Messer etwas zerdrücken und dazugeben. Die gefüllten Forellen im heißen Öl bei mittlerer Hitze von jeder Seite in 5–6 Min. goldbraun braten.

4. Die Forellen aus der Pfanne heben und kurz auf Küchenpapier entfetten. Die Zitrone halbieren und zum Beträufeln zu den Forellen servieren.

GARNIEREN: mit Petersilienblättchen

BEILAGE: Für Bratkartoffeln 2 große vorwiegend fest kochende Kartoffeln schälen und in jeweils 10–12 Stücke schneiden. In einer Pfanne in 4 EL Olivenöl bei mittlerer Hitze unter gelegentlichem Wenden in 10–12 Min. goldbraun braten. Nach 5 Min. 1 EL frische Rosmarinnadeln untermischen. Vor dem Servieren salzen.

GETRÄNK: *rosado* (spanischer Roséwein) oder trockener Weißwein

Seezungenfilet mit Mandelkruste

LENGUADO CON COSTRA DE ALMENDRAS

1. Den Backofen auf 220° vorheizen. Die Petersilie waschen und trockenschütteln, die Blätter fein hacken. Die Butter in einem tiefen Teller mit einer Gabel mit 1 Prise Salz und nach Belieben dem Brandy vermischen. Den Knoblauch schälen, dazupressen und mit der Petersilie unterrühren. Die Mandelstifte grob hacken und ebenfalls untermischen.

2. Die Fischfilets kalt abspülen und mit Küchenpapier trockentupfen. Die dünne Spitze wegschneiden, sie würde im Backofen nur trocken und unansehnlich. Die Filets auf beiden Seiten mit Salz und Zitronensaft würzen.

3. Eine feuerfeste Form mit etwas Öl ausstreichen und die Filets nebeneinander hineinlegen. Jeweils 1/4 der Mandelbutter darauf geben und etwas verteilen.

4. Im heißen Backofen (oben, keine Umluft) etwa 8 Min. backen, bis die Mandelkruste Farbe bekommt.

BEILAGE: Jeweils eine Tellerhälfte mit gemischten Blattsalaten, in mundgerechte Stücke zerzupft, und halbierten Kirschtomaten belegen. Kurz vor dem Servieren mit einer Vinaigrette aus Salz, Sherryessig und Olivenöl beträufeln. Je 1 Fischfilet auf den Teller geben und jeweils 1 Zitronenhälfte mit Zackenrand zum Beträufeln dazulegen.

GETRÄNK: trockener Weißwein, z. B. Verdejo

VARIANTE: Sie können auch Seelachs- oder Kabeljaufilet verwenden.

FÜR ANFÄNGER
SCHNELL
ANDALUSISCH INSPIRIERT

ZUBEREITUNG: 15 Min.
BACKEN: 8 Min.
PRO PORTION CA.: 360 kcal

FÜR 4 PERSONEN:

- 1/2 Bund Petersilie
- 70 g weiche Butter
- Salz
- 1 EL spanischer Brandy (nach Belieben)
- 1–2 Knoblauchzehen
- 70 g Mandelstifte
- 4 Seezungenfilets (à 120 g)
- 3 EL Zitronensaft

Außerdem:

Olivenöl für die Form

Für die *merluza*, den in Spanien meist verkauften Fisch, gibt es eine Fülle leckerer Rezepte, hier meine beiden Favoriten.

FÜR ANFÄNGER
MIT NUSSIGER SAUCE
FÜR GÄSTE

ZUBEREITUNG: 45 Min.
PRO PORTION CA.: 445 kcal

FÜR 4 PERSONEN:

3 reife Tomaten
2 Knoblauchzehen
2 Scheiben altbackenes Weißbrot (etwa 100 g)
4 dicke Scheiben Seehecht (à 200 g; quer zur Hauptgräte geschnitten)
Salz | Cayennepfeffer
5 EL Olivenöl
12 Haselnüsse
2 EL Pinienkerne
100 ml Sherry *(fino)*
1 EL Sherryessig
1/2 Bund Petersilie

Seehecht auf andalusische Art

MERLUZA AL ESTILO ANDALUZ

1. Die Tomaten kreuzweise einritzen, überbrühen, häuten und entkernen (siehe Tipp Seite 17). Das Fruchtfleisch klein würfeln, dabei die Stielansätze entfernen. Den Knoblauch schälen. Das Brot entrinden und in Würfel schneiden. Den Fisch kalt abspülen, trockentupfen und von beiden Seiten mit Salz und Cayennepfeffer würzen.

2. In einer großen Pfanne 3 EL Öl erhitzen. Knoblauch und Brot darin unter Rühren in 2–3 Min. goldbraun rösten. Herausnehmen und auf Küchenpapier abtropfen lassen. Das restliche Öl in die Pfanne dazugeben und erhitzen. Die Fischscheiben darin bei starker Hitze von jeder Seite 1 Min. anbraten. Herausnehmen, auf einen Teller geben und zugedeckt warm halten. Die Tomaten in die Pfanne geben und bei mittlerer Hitze 5 Min. andünsten, dabei gelegentlich umrühren.

3. Inzwischen den Knoblauch und das Brot mit den Haselnüssen und Pinienkernen im Mörser fein zerstoßen. Sherry und Essig unterrühren. Die Mischung unter die Tomaten rühren und bei starker Hitze 1 Min. einkochen lassen.

4. Den Fisch samt dem Saft, der sich gebildet hat, wieder einlegen. Zugedeckt bei schwacher Hitze 5–6 Min. leise kochen lassen, dabei die Pfanne gelegentlich rütteln. Die Petersilie waschen und trockenschütteln, die Blätter fein hacken und vor dem Servieren darüber streuen.

GARNIEREN: mit gerösteten Pinienkernen

BEILAGE: knuspriges Weißbrot oder goldgelber Safranreis (Seite 123)

GETRÄNK: *rosado* (spanischer Roséwein)

FÜR ANFÄNGER
MIT GRÜNER SAUCE
AUS GALICIEN

ZUBEREITUNG: 40 Min.
PRO PORTION CA.: 455 kcal

FÜR 4 PERSONEN:

100 g TK-Erbsen
500 g Venusmuscheln (s. Tipp S. 24)
2 Schalotten
2 Knoblauchzehen
1 Bund Petersilie
4 dicke Scheiben Seehecht (à 200 g; quer zur Hauptgräte geschnitten)
Salz | Pfeffer
4 EL Mehl
6 EL Olivenöl
200 ml trockener Weißwein (ersatzweise Wasser + 2 EL Zitronensaft)
200 ml Fischfond (aus dem Glas)

Seehecht mit Venusmuscheln

MERLUZA CON ALMEJAS

1. Die Erbsen aus dem Tiefkühlfach nehmen und antauen lassen. Die Muscheln gründlich waschen. Beschädigte Exemplare aussortieren und wegwerfen, die übrigen in ein Sieb geben und abtropfen lassen. Die Schalotten und den Knoblauch schälen und fein hacken. Die Petersilie waschen und trockenschütteln, die Blätter fein hacken.

2. Den Fisch kalt abspülen und trockentupfen. Von jeder Seite mit Salz und Pfeffer würzen. Das Mehl auf einen Teller geben und die Fischscheiben darin wenden. In einer *cazuela* (Seite 15; ersatzweise einer Schmorpfanne) das Öl erhitzen. Die Schalotten und den Knoblauch darin unter Rühren 1–2 Min. anbraten. Die Fischscheiben einlegen und bei mittlerer Hitze von jeder Seite 2–3 Min. braten.

3. Die Erbsen und die gehackte Petersilie dazugeben. Den Wein und den Fischfond angießen und zum Kochen bringen. Die Muscheln auf dem Fisch verteilen. Zugedeckt bei mittlerer Hitze 5 Min. kochen lassen, die *cazuela* gelegentlich rütteln.

4. Je 1 Fischscheibe mit der Sauce und den Muscheln auf vorgewärmte Teller verteilen, ungeöffnete Muscheln dabei aussortieren und wegwerfen.

BEILAGE: Typisch spanisch ist es, geschälte Kartoffeln in dicke Scheiben zu schneiden, in reichlich Olivenöl in einer Pfanne 5–6 Min. vorzubraten und dann den Fisch in der *cazuela* damit zu umlegen, so dass sich die Kartoffeln mit dem Weinsud (dazu etwas mehr Wein und Fischfond angießen) vollsaugen. Wem das zu fettreich ist, der serviert Salz- oder Petersilienkartoffeln dazu.

GETRÄNK: trockener Weißwein, z. B. Albariño

FÜR ANFÄNGER
FRISCH-WÜRZIG
AUS DEM BASKENLAND

ZUBEREITUNG: 30 Min.
MARINIEREN: 1 Std.
PRO PORTION CA.: 530 kcal

FÜR 4 PERSONEN:

Für die Spieße:

750 g Schwertfischfilet
6 EL Olivenöl
3 EL Zitronensaft
24 frische Lorbeerblätter
Salz

Für die Sauce:

6 schwarze Oliven
1 unbehandelte Zitrone
2 Stängel Petersilie
3 Knoblauchzehen
Salz | 100 ml bestes Olivenöl
Pfeffer | Zucker

Außerdem:

8 lange Holzspieße (20 cm)

Schwertfischspieße mit Zitronensauce

BROQUETAS DE PEZ ESPADA CON SALSA DE LIMÓN

1. Das Fischfilet kalt abspülen, trockentupfen und in etwa 3 cm große Würfel schneiden. 4 EL Olivenöl und den Zitronensaft in eine Schüssel geben und sorgfältig mit den Fischwürfeln mischen. Zugedeckt 1 Std. in den Kühlschrank stellen.

2. Inzwischen für die Sauce die Oliven entsteinen und sehr klein würfeln. Die Zitrone waschen und abtrocknen. Die Schale von einer Hälfte, am besten mit einem Zestenreißer, abraspeln, den Saft der ganzen Zitrone auspressen. Die Petersilie waschen und trockenschütteln, die Blätter fein hacken. Die Knoblauchzehen schälen und mit $^1/_4$ TL Salz im Mörser fein zerreiben. Nach und nach das Olivenöl unterarbeiten. Den Zitronensaft unterrühren. Olivenwürfelchen, gehackte Petersilie und Zitronenzesten untermischen. Die Zitronensauce mit Pfeffer und 1 Msp. Zucker abschmecken.

3. Die Lorbeerblätter waschen und trockentupfen. Die Spieße wässern. Fischwürfel und Lorbeerblätter im Wechsel auf die Spieße stecken.

4. 1 EL Öl in einer Pfanne erhitzen und die Spieße darin portionsweise unter Zugabe des restlichen Öls bei mittlerer Hitze 5–6 Min. braten, gelegentlich wenden. Die Spieße salzen und mit der Sauce servieren.

BEILAGEN: Weißbrot und ein frischer Salat

GETRÄNK: trockener Weißwein oder *rosado* (spanischer Roséwein)

VARIANTEN: Für die Spieße eignet sich auch anderer festfleischiger Fisch wie frischer Tunfisch oder Seeteufel. Wenn Sie keine frischen Lorbeerblätter bekommen, mischen Sie 1 TL im Mörser grob zerstoßene Anissamen unter die Marinade. Dazu passt der Orangenschaum von Seite 36.

Meerbrasse aus dem Ofen

BESUGO AL HORNO

FÜR ANFÄNGER
MACHT WAS HER
AUS GALICIEN

ZUBEREITUNG: 25 Min.
BACKEN: 30 Min.
PRO PORTION CA.: 390 kcal

FÜR 4 PERSONEN:

1 große oder 2 kleine küchenfertige rote Meerbrassen (Graubarsch; etwa 1,2 kg)
Salz
1 Bund Petersilie
2 Knoblauchzehen
4 frische Lorbeerblätter
4 EL Semmelbrösel
100 ml Olivenöl
2 unbehandelte Zitronen

Außerdem:

1 feuerfeste Form in Fischgröße

1. Den Backofen auf 220° vorheizen. Den Fisch innen und außen kalt abspülen, mit Küchenpapier trockentupfen und salzen. Die Petersilie waschen und trockenschütteln, die Blätter fein hacken. Den Knoblauch schälen und fein hacken. Die Hälfte des Knoblauchs mit 1 EL gehackter Petersilie mischen und mit (je) 1 Lorbeerblatt in die Meerbrasse(n) füllen. Die restliche Petersilie und den restlichen Knoblauch mit den Semmelbröseln und dem Öl verrühren.

2. Die Zitronen waschen, abtrocknen und in Scheiben schneiden, 2 Scheiben halbieren. Den Fisch auf der Oberseite mit einem scharfen Messer drei- bis viermal quer bis zur Hauptgräte einschneiden.

3. Die Hälfte der Bröselmischung in die Form geben und den Fisch darauf legen. Die Zitronenscheibenhälften in die Schnitte stecken und die restliche Bröselmischung auf dem Fisch verteilen. Die übrigen Zitronenscheiben und Lorbeerblätter um den Fisch verteilen. Den *besugo* im heißen Ofen 25–30 Min. (Mitte, Umluft 200°) backen, dabei gelegentlich mit dem Saft beträufeln, der sich bildet.

BEILAGE: Bratkartoffeln (Beilage Seite 96)

GETRÄNK: Weißwein, z. B. Albariño

VARIANTE: Sie können den Fisch auch auf ein Bett von Kartoffelscheiben legen: 3 große fest kochende Kartoffeln schälen, in 3 mm dicke Scheiben schneiden. Eine geölte Form damit auslegen, mit Salz und etwas Cayennepfeffer würzen. Je 1 Bund frisch gehackte Petersilie und Minze mit 2 gehackten Knoblauchzehen mischen und die Hälfte davon auf die Kartoffeln streuen. Den Fisch darauf legen, die restliche Kräutermischung mit 2 EL Semmelbröseln und 4 EL Olivenöl verrühren und auf dem Fisch verteilen. 100 ml trockenen Weißwein angießen und im vorgeheizten Ofen backen wie beschrieben, dabei gelegentlich noch etwas Wein über den Fisch träufeln und angießen.

Seeteufelfilet ist aromatisch und festfleischig, das Rezept unkompliziert und auch etwas für verwöhnte Gäste.

FÜR ANFÄNGER
KALORIENARM
AUS MADRID

ZUBEREITUNG: 30 Min.
PRO PORTION CA.: 300 kcal

FÜR 4 PERSONEN:

4 reife Tomaten
2 Schalotten
1 Knoblauchzehe
2 EL Kapern (in Essig)
800 g Seeteufelfilet
Salz | Pfeffer
4 EL Olivenöl
1/4 l trockener Weißwein (ersatzweise Wasser + 2 EL Zitronensaft)
50 g schwarze Oliven
1 Bund Basilikum

Seeteufelfilet mit Oliven und Kapern

RAPE CON ACEITUNAS Y ALCAPARRAS

1. Die Tomaten kreuzweise einritzen, überbrühen, häuten und entkernen (siehe Tipp Seite 17). Das Fruchtfleisch klein würfeln, dabei die Stielansätze entfernen. Die Schalotten und den Knoblauch schälen und fein hacken. Die Kapern in einem Sieb abtropfen lassen.

2. Das Seeteufelfilet kalt abspülen und mit Küchenpapier trockentupfen. In 8 Scheiben schneiden und auf beiden Seiten mit Salz und Pfeffer würzen.

3. Das Öl in einer großen Pfanne erhitzen. Die Schalotten und den Knoblauch darin bei mittlerer Hitze 1 Min. unter Rühren anbraten. Die Kapern dazugeben und 1 Min. mitbraten.

4. Den Fisch einlegen und bei starker Hitze von jeder Seite 2–3 Min. braten. Mit dem Wein ablöschen. Die Tomaten dazugeben, zum Kochen bringen und alles bei starker Hitze 4–5 Min. kochen lassen.

5. Die Oliven abtropfen lassen. Das Basilikum waschen und trockenschütteln, die Blätter grob zerzupfen. Beides untermischen und zugedeckt bei schwacher Hitze weitere 4–5 Min. ziehen lassen.

BEILAGE: Weißbrot oder Reis

GETRÄNK: Weißwein, z. B. Albariño

VARIANTE: Statt Kapern können Sie auch 2 EL Pinienkerne anbraten und statt Basilikum 2 EL Thymianblättchen unterrühren.

FÜR ANFÄNGER
EDEL
VON DEN KANAREN

ZUBEREITUNG: 45 Min.
PRO PORTION CA.: 655 kcal

FÜR 4 PERSONEN:

Für die *picada*:

1 Ei | 12 gehäutete Mandeln (s. S. 16 oder fertig gekauft)
1/2 TL Safranfäden (0,2 g)
2 Stängel Petersilie
1 Knoblauchzehe
150 ml Sherry *(fino)*

Für den Fisch:

4 Zackenbarschfilets (à 200 g; ersatzweise Wolfsbarschfilets)
Salz | Cayennepfeffer
4 EL Mehl
1 Bund Frühlingszwiebeln
2 Knoblauchzehen
4 EL Olivenöl
1/4 l Fischfond (aus dem Glas; ersatzweise Wasser)

Zackenbarschfilet in Safransauce

MERO EN SALSA DE AZAFRÁN

1. Für die *picada* (siehe Seite 16/17) das Ei in kochendem Wasser in etwa 10 Min. hart kochen, kalt abschrecken und pellen. Die Mandeln in einer kleinen Pfanne ohne Fett unter Rühren goldbraun rösten. Den Safran 1 Min. mitrösten. Vom Herd nehmen, abkühlen lassen. Die Petersilie waschen und trockenschütteln, die Blätter abzupfen.

2. Den Fisch kalt abspülen und trockentupfen. Mit Salz und Cayennepfeffer würzen und im Mehl wenden. Die Frühlingszwiebeln putzen und waschen, die Zwiebeln abschneiden und fein hacken, das Grün beiseite legen. Den Knoblauch schälen und fein hacken.

3. Das Öl in einer großen Pfanne erhitzen. Zwiebeln und Knoblauch darin bei mittlerer Hitze 2 Min. anbraten. Die Fischfilets dazugeben und bei starker Hitze von jeder Seite 2–3 Min. braten.

4. Inzwischen die Knoblauchzehe für die *picada* schälen und mit Mandeln und Safran, Petersilienblättchen und Ei im Mörser fein zerstoßen. Den Sherry unterrühren und die Mischung über den Fisch verteilen. Den Fischfond angießen und die Fischfilets zugedeckt bei schwacher Hitze in 5–7 Min. fertig garen.

GARNIEREN: Den hellgrünen Teil der Frühlingszwiebeln fein schneiden und darüber streuen.

BEILAGE: Reis, unter den Sie kurz vor dem Servieren die grob gehackten Blättchen von 1 Bund Koriandergrün mischen.

GETRÄNK: fruchtiger Weißwein, z. B. Rueda

VARIANTE: Sie können den Safran auch weglassen und das Ei nicht in den Mörser geben, sondern fein hacken und 2 Min. vor Garzeitende über den Fisch streuen.

Dorade in der Salzkruste

DORADA A LA SAL

FÜR GEÜBTE
MACHT WAS HER
FÜR GÄSTE

ZUBEREITUNG: 1 Std.
PRO PORTION CA.: 440 kcal

FÜR 4 PERSONEN:

Für den Fisch:

1 große küchenfertige Dorade (Goldbrasse; etwa 1,2 kg; eventuell beim Fischhändler vorbestellen)
1 Zweig Basilikum
20 g Butter
4 Eiweiße
2 kg grobes Meersalz

Für die Beilage:

je 500 g weißer und grüner Spargel
Salz

Für die Sauce:

1 kleine unbehandelte Orange
4 Eigelbe
60 ml Olivenöl
2 EL Vollmilchjoghurt
Salz
Zucker
Cayennepfeffer

1. Die Dorade gründlich innen und außen kalt abspülen und trockentupfen. Den Basilikumzweig und die Butter in die Bauchhöhle stecken.

2. Den Backofen auf 220° vorheizen. Ein Backblech mit Backpapier belegen. Die Eiweiße in einer großen Schüssel leicht verschlagen (Eigelbe für die Sauce beiseite stellen). Das Salz hinzufügen und mit den Händen untermengen. Die Hälfte der Salzmischung diagonal in Fischform, etwas größer als die Dorade, auf das Blech geben. Den Fisch darauf legen und das restliche Salz so darauf verteilen und andrücken, dass ein fester Salzmantel entsteht. Im heißen Backofen (Mitte, keine Umluft) etwa 40 Min. backen.

3. Den weißen Spargel ganz, den grünen im unteren Drittel schälen und die Enden abschneiden. In einem flachen Topf, in dem die Spargelstangen gut Platz haben, 5 cm hoch Wasser zum Kochen bringen, 1 TL Salz hinzufügen. Zuerst den weißen, nach 5 Min. den grünen Spargel hineingeben und zugedeckt bei schwacher Hitze insgesamt 15–20 Min. leise kochen lassen.

4. Inzwischen für die Sauce die Orange heiß waschen und abtrocknen. Die Schale, am besten mit einem Zestenreißer, abraspeln, anschließend den Saft auspressen. Die Eigelbe mit 4 EL Orangensaft in eine Metallschüssel geben. Die Schüssel in den Topf mit dem Spargel hängen und die Eigelb-Saft-Mischung in etwa 3 Min. mit dem Schneebesen schaumig aufschlagen. Das Öl erst tröpfchenweise, dann in dünnem Strahl hinzufügen und unterschlagen. Die Orangenzesten und den Joghurt unterrühren und mit Salz, Zucker und Cayennepfeffer abschmecken. Die Sauce in eine vorgewärmte Sauciere füllen.

5. Die Spargelstangen aus dem Wasser heben, abtropfen lassen und in eine flache Schale geben.

6. Die Dorade aus dem Ofen nehmen. Die Salzkruste an den Seiten mit einem schweren Messerschaft oder einem Hammer aufklopfen und samt Haut abheben. Achten Sie darauf, dass möglichst keine Salzkrümel auf die Fischfilets fallen. Den Kopf mit einem Messer vom Rumpf trennen. Die beiden oberen Filets herauslösen und auf vorgewärmte Teller geben. Die Hauptgräte entfernen und die beiden unteren Filets herausheben. Mit den Beilagen und der Sauce servieren.

BEILAGE: Kartoffeln

GETRÄNK: fruchtiger Weißwein

VARIANTE: Sie können auch Wolfsbarsch in der Salzkruste zubereiten. Die Garzeit reduziert sich dann auf etwa 30 Min. Außerhalb der Spargelzeit servieren Sie dazu in Salzwasser blanchierte, in Eiswasser abgeschreckte und in Butter geschwenkte Zuckerschoten.

1. Die Hälfte der Salzmischung in Fischform, etwas größer als die Dorade, auf das Blech geben.

2. Den Fisch auf das Salzbett legen und mit dem restlichen Salz so ummanteln, dass eine geschlossene Hülle entsteht.

3. Die Salzkruste an den Seiten mit einem schweren Messerschaft aufklopfen und vorsichtig abheben.

Carnes y aves

Traditionelles und Modernes mit Fleisch und Geflügel

FÜR ANFÄNGER
MIT FEINER SCHÄRFE
KLASSIKER

Paprika-Tomaten-Sauce

SALSA DE PIMIENTOS Y TOMATE

ZUBEREITUNG: 40 Min.
PRO PORTION CA.: 190 kcal

FÜR 4 PERSONEN:

- 2 *ñoras* (S. 11; ersatzweise 2 EL edelsüßes Paprikapulver)
- 2 große rote Paprikaschoten
- 1 kleine Zwiebel
- 2 Knoblauchzehen
- 6 EL Olivenöl
- 200 g stückige Tomaten (aus der Dose)
- Salz | Zucker
- 1 EL *miga* (Weißbrotkrume)

1. Die *ñoras* aufbrechen. Die Samen in den Mörser geben, die Schoten 30 Min. in warmem Wasser einweichen. Die Samen im Mörser fein zerstoßen.

2. Inzwischen die Paprikaschoten grillen, häuten, putzen (siehe Küchengeheimnis Seite 17) und in Stücke schneiden.

3. Die Zwiebel und den Knoblauch schälen und fein hacken. Das Öl in einem Topf erhitzen, Zwiebel und Knoblauch darin bei mittlerer Hitze in 3 Min. goldbraun anbraten. Die Tomaten unterrühren und 100 ml Wasser angießen, zum Kochen bringen und alles zugedeckt 15 Min. kochen lassen, dabei gelegentlich umrühren.

4. Die eingeweichten *ñoras* abtropfen lassen. Vom Stiel befreien, grob zerkleinern und in den Mörser dazugeben. Mit je 1/4 TL Salz und Zucker fein zerstampfen. Die Paprikastücke und die *miga* dazugeben und alles zu einer feinen Paste verarbeiten. 3 EL Wasser unterrühren. Die Mischung unter die Sauce rühren und offen weitere 5 Min. kochen lassen. Passt sehr gut zu Schweinekoteletts oder -schnitzeln vom Grill oder aus der Pfanne.

FÜR ANFÄNGER
FRUCHTIG
AUS ANDALUSIEN

Mandel-Orangen-Sauce

SALSA DE ALMENDRAS Y NARANJA

ZUBEREITUNG: 25 Min.
PRO PORTION CA.: 110 kcal

FÜR 4 PERSONEN:

- 1 Scheibe Toastbrot
- 2 unbehandelte Orangen
- 10 gehäutete Mandeln (s. S. 16)
- 1 Knoblauchzehe
- 1/2 TL Kreuzkümmelsamen
- Salz | Zucker | Cayennepfeffer
- 1 Zwiebel | 2 EL Olivenöl
- 1/4 l Hühnerbrühe (Instant)

1. Das Toastbrot entrinden und im Toaster goldbraun toasten. 1 Orange heiß waschen und abtrocknen. Die Schale, am besten mit einem Zestenreißer, abraspeln, beide Orangen auspressen. Die Mandeln in den Mörser (oder Blitzhacker) geben. Das Toastbrot dazubröseln. Die Knoblauchzehe schälen und grob hacken. Mit dem Kreuzkümmel und je 1/4 TL Salz, Zucker und Cayennepfeffer dazugeben und fein zerstoßen (oder hacken). 4–5 EL Orangensaft unterrühren.

2. Die Zwiebel schälen und sehr fein hacken. Das Öl in einer Pfanne erhitzen, die Zwiebel darin bei mittlerer Hitze in 2–3 Min. goldbraun anbraten. Mit dem restlichen Orangensaft und der Brühe ablöschen und bei starker Hitze 3 Min. einkochen lassen. Die Mandelmischung aus dem Mörser und die Orangenzesten untermischen, bei mittlerer Hitze 3–4 Min. unter Rühren kochen lassen. Die Sauce passt sehr gut zu Schweinefiletmedaillons oder Hähnchenbrustfilets.

FÜR ANFÄNGER
MILD
AUS KASTILIEN

Tomaten-Safran-Sauce

SALSA DE TOMATE CON AZAFRÁN

ZUBEREITUNG: 25 Min.
PRO PORTION CA.: 120 kcal

FÜR 4 PERSONEN:

- 6 reife Tomaten | 1 Zwiebel
- 2 Knoblauchzehen
- 2 Stängel Petersilie
- 4 EL Olivenöl
- 100 ml trockener Weißwein
- 1 Lorbeerblatt
- 1 Döschen Safran (0,1 g)
- Salz | Zucker
- 1 TL edelsüßes Paprikapulver

1. Die Tomaten kreuzweise einritzen, überbrühen, häuten und entkernen (siehe Tipp Seite 17). Das Fruchtfleisch in Stücke schneiden, dabei die Stielansätze entfernen. Die Zwiebel und den Knoblauch schälen und sehr fein hacken. Die Petersilie waschen und trockenschütteln, die Blätter fein hacken.

2. Das Öl in einem Topf erhitzen. Zwiebel und Knoblauch darin bei mittlerer Hitze in 3 Min. goldbraun anbraten. Tomaten und Petersilie dazugeben und 3 Min. unter Rühren mitbraten. Den Wein angießen und das Lorbeerblatt dazugeben. Zugedeckt 5 Min. kochen lassen.

3. Den Safran in 1 EL heißem Wasser auflösen und unterrühren. Offen 2 Min. unter Rühren kochen lassen. Mit Salz, Zucker und Paprikapulver abschmecken. Passt sehr gut zu Kalbs- oder Schweineschnitzeln.

Milchlamm aus dem Backofen ist eine Delikatesse, die in Spanien traditionell zu Ostern serviert wird, wenn die Frühjahrslämmer gerade die richtige Größe haben.

FÜR ANFÄNGER
ZART UND SAFTIG
OSTERBRATEN

ZUBEREITUNG: 20 Min.
MARINIEREN: 24 Std.
BRATEN: 1 Std.
PRO PORTION CA.: 710 kcal

FÜR 4 PERSONEN:

2 Milchlammschultern (mit Knochen, à 500–600 g; beim Metzger vorbestellen)
1 Zwiebel
2 Knoblauchzehen
1 TL schwarze Pfefferkörner
375 ml trockener Weißwein
1 Lorbeerblatt
Salz
50 g Schweineschmalz
2 junge Knoblauchknollen

Außerdem:

4 dicke Scheiben Weißbrot mit kräftiger Kruste

Milchlamm aus dem Ofen

CORDERO LECHAL ASADO

1. Die Milchlammschultern kalt abspülen und mit Küchenpapier trockentupfen. Die Zwiebel schälen und grob hacken. Die Knoblauchzehen schälen. Die Pfefferkörner mit dem Messerrücken etwas zerdrücken.

2. Den Wein in eine Schüssel geben, in der die beiden Lammschultern gerade Platz haben. Zwiebel, Knoblauch, Lorbeerblatt und Pfefferkörner dazugeben. Die Lammschultern in die Marinade einlegen. Zugedeckt 24 Std. in den Kühlschrank stellen, in der Zeit zweimal wenden.

3. Den Backofen auf 180° vorheizen. Das Fleisch aus der Marinade nehmen (die Marinade nicht wegschütten), mit Küchenpapier abtupfen und salzen. Rundherum mit dem Schweineschmalz einreiben und in einen Bräter legen. Im heißen Backofen (Mitte, Umluft 160°) 20 Min. braten.

4. Die Knoblauchknollen quer halbieren. Mit den Schnittflächen nach unten neben das Fleisch in den Bräter setzen und etwa 5 Min. anbraten. Die Hälfte der Marinade angießen und weitere 20 Min. braten. Die Lammschultern und die Knoblauchknollenhälften wenden, die restliche Marinade angießen und das Fleisch in weiteren etwa 15 Min. fertig garen, dabei regelmäßig mit dem Bratensaft begießen.

5. Den Bräter aus dem Ofen nehmen, die Temperatur auf 70° zurückstellen. Die Brotscheiben zum Rösten auf das Backofengitter legen. Das Fleisch und den Knoblauch aus dem Bräter nehmen und zugedeckt 5 Min. ruhen lassen. Den Bratensaft durch ein Sieb in einen Topf abgießen und zugedeckt warm halten. Das Brot im Ofen wenden.

6. Das Fleisch quer zur Faser vom Knochen schneiden und auf vorgewärmte Teller verteilen. Jeweils 1/2 Knoblauchknolle dazulegen und die Sauce über das Fleisch gießen. Mit dem knusprigen Weißbrot servieren. Der junge Knoblauch wird aus den Häutchen gedrückt, auf das Brot gestrichen und zum Milchlamm gegessen.

BEILAGENVARIANTE: Für Kartoffeln vom Blech als Beilage für 4 Personen 800 g vorwiegend fest kochende Kartoffeln schälen und in mittelgroße Stücke schneiden. Mit 2–3 EL Olivenöl in eine Schüssel geben und gut vermischen, so dass alle Kartoffelstücke mit Öl benetzt sind. Ein Blech mit Backpapier belegen und die Kartoffeln darauf verteilen. Im heißen Backofen bei 220° (Mitte, Umluft 200°) etwa 40 Min. backen, dabei gelegentlich wenden. Vor dem Servieren salzen. Dazu passen die Grünen Bohnen von Seite 50 (ohne *lomo* zubereiten).

GETRÄNK: reifer Rotwein, z. B. Gran Reserva Valdepeñas

VARIANTE: Eine Spezialität aus Navarra ist geschmortes Milchlamm *(cochifrito)*: Dazu für 4 Personen das Fleisch von 2 Milchlammschultern auslösen und in 5–6 cm große Stücke schneiden. In einem Schmortopf 6–8 EL Olivenöl erhitzen. Das Fleisch salzen und darin bei mittlerer Hitze in etwa 15 Min. von allen Seiten anbraten. 1 gehackte Zwiebel und 2 gehackte Knoblauchzehen, 1 gehäuften EL edelsüßes Paprikapulver und 1 TL im Mörser grob zerstoßene Pfefferkörner dazugeben. Den Saft von 1 Zitrone darüber träufeln und zugedeckt bei sehr schwacher Hitze 45–50 Min. leise kochen lassen, bis das Fleisch ganz zart ist.

INFO

Lammfleisch ist in ganz Spanien beliebt, auch Zicklein *(cabrito)* ist gefragt und wird auf ähnliche Weise zubereitet. Als Milchlamm *(cordero lechal)* bezeichnet man ein Tier im Alter von 4 bis 8 Wochen, Lamm *(cordero)* darf es bis zum Ende des ersten Lebensjahres genannt werden.

FÜR ANFÄNGER
KLASSIKER
AUS ARAGÓN

Lamm mit Paprikaschoten

CHILINDRÓN DE CORDERO

ZUBEREITUNG: 50 Min.
SCHMOREN: 45 Min.
PRO PORTION CA.: 410 kcal

FÜR 4 PERSONEN:

2 große rote Paprikaschoten (ersatzweise 150 g Paprikaschoten in Streifen, aus dem Glas)
8 reife Tomaten (ersatzweise 400 g stückige Tomaten aus der Dose)
4 Knoblauchzehen
1 große Zwiebel
800 g Lammrückenfilet
Salz | Pfeffer
50 g Schweineschmalz
2 EL Olivenöl
1 Lorbeerblatt
Zucker

1. Die frischen Paprikaschoten grillen, häuten, putzen (siehe Küchengeheimnis Seite 17) und in Streifen schneiden (Paprika aus dem Glas in einem Sieb abtropfen lassen). Die Tomaten kreuzweise einritzen, überbrühen, häuten und entkernen (siehe Tipp Seite 17). Das Fruchtfleisch klein würfeln, dabei die Stielansätze entfernen. Den Knoblauch und die Zwiebel schälen und fein hacken.

2. Das Fleisch mit Küchenpapier abtupfen und in 3 cm große Würfel schneiden. Mit Salz und Pfeffer würzen. Die Fleischwürfel mit dem Knoblauch und dem Schweineschmalz vermischen. Eine *cazuela* (Seite 15; ersatzweise einen Schmortopf) bereitstellen.

3. Eine große Pfanne erhitzen und das Fleisch mit dem Knoblauch darin bei starker Hitze in 4–5 Min. von allen Seiten anbraten. Herausnehmen und in die *cazuela* geben, die Paprikastreifen und 200 ml Wasser dazugeben und zum Kochen bringen.

4. Das Öl in die Pfanne zum Bratensatz geben und die Zwiebel darin 2–3 Min. unter Rühren anbraten. Tomaten und Lorbeer hinzufügen und 3 Min. mitbraten. Mit Salz und 1 Prise Zucker würzen und den Pfanneninhalt in die *cazuela* geben. Zugedeckt bei schwacher Hitze etwa 45 Min. schmoren, bis das Fleisch ganz zart ist.

BEILAGE: Reis oder Weißbrot

GETRÄNK: kräftiger Rotwein, z. B. Rioja

INFO

Das Schweineschmalz ist typisch für die Küche Kastiliens und der Mancha, es rundet das Aroma des geschmorten Lamms perfekt ab. Wenn Ihnen das zu deftig und gehaltvoll erscheint, verwenden Sie Olivenöl.

Lammkoteletts mit Safrangemüse

CHULETAS DE CORDERO A LA JARDINIERA

1. Den Blumenkohl putzen, in Röschen teilen, gut waschen und abtropfen lassen. Die Möhren putzen, schälen und schräg in 1/2 cm dicke Scheiben schneiden. Erbsen aus den Schoten lösen. Zwiebeln schälen, längs halbieren und in Spalten schneiden.

2. In einem Topf 2 EL Olivenöl erhitzen und die Zwiebeln darin bei mittlerer Hitze 2 Min. anbraten. Das vorbereitete Gemüse dazugeben und untermischen. Das Mehl darüber stäuben, den Gemüsefond angießen und zum Kochen bringen. Zugedeckt bei schwacher Hitze 8 Min. garen, dabei gelegentlich umrühren.

3. Inzwischen den Backofen auf 220° vorheizen. Die Koteletts kalt abspülen und trockentupfen, salzen, pfeffern und mit dem restlichen Öl einreiben. Auf ein Blech legen und im heißen Ofen (oben, Grill) 8–10 Min. grillen, dabei einmal wenden.

4. Den Safran in 1 EL heißem Wasser auflösen und zum Gemüse geben. Gut unterrühren und weitere 5–7 Min. leise kochen lassen, bis das Gemüse gar, aber noch bissfest ist. Das Gemüse durch ein Sieb abgießen und in eine vorgewärmte Schüssel geben, den Safransud in einem kleinen Topf auffangen.

5. Den Sud bei starker Hitze auf die Hälfte einkochen lassen. Vom Herd nehmen, die Butter unterrühren und die Sauce über das Gemüse verteilen. Das Gemüse zu den Lammkoteletts servieren.

GARNIEREN: Grob zerzupfte Basilikumblättchen über das Gemüse streuen und Zitronenspalten zu den Lammkoteletts reichen.

GETRÄNK: Weißwein, z. B. Ribeiro

FÜR ANFÄNGER
SCHNELL
AUS VALENCIA

ZUBEREITUNG: 35 Min.
PRO PORTION CA.: 885 kcal

FÜR 4 PERSONEN:

- 1 kleiner Blumenkohl (s. Tipp S. 84)
- 2–3 junge Möhren (etwa 250 g)
- 250 g frische Erbsenschoten
- 2 kleine Zwiebeln
- 4 EL Olivenöl
- 1 EL Mehl
- 400 ml Gemüsefond (aus dem Glas, ersatzweise Instant-Gemüsebrühe)
- 8 doppelte Lammkoteletts (à 120 g)
- Salz | Pfeffer
- 1 Döschen gemahlener Safran (0,1 g)
- 20 g kalte Butter

Lamm ist neben Schwein das beliebteste Fleisch der Spanier. Wer es nicht gerne isst, kann diese beiden maurisch inspirierten Gerichte mit Kalbskoteletts oder Hähnchenfleisch zubereiten.

FÜR ANFÄNGER
SCHNELL
AUS SEVILLA

ZUBEREITUNG: 25 Min.
PRO PORTION CA.: 720 kcal

FÜR 4 PERSONEN:

12 kleine Lamm-Stielkoteletts (à 60 g)
Salz | Pfeffer
12 Datteln (frisch oder getrocknet)
100 ml Sherry *(fino)*

Für die *picada*:

1 Knoblauchzehe
1 kleine Scheibe altbackenes Weißbrot (etwa 30 g)
12 Mandeln
Saft von 1 Orange (etwa 100 ml)

Außerdem:

4 EL Olivenöl

Lammkoteletts mit Datteln

CHULETAS DE CORDERO CON DÁTILES

1. Die Lammkoteletts kalt abspülen und mit Küchenpapier trockentupfen. Auf beiden Seiten mit Salz und Pfeffer würzen. Frische Datteln nach Belieben häuten (geht ganz leicht mit einem spitzen Messer, bei getrockneten ist das nicht nötig) und klein würfeln.

2. Für die *picada* (siehe Seite 16/17) die Knoblauchzehe schälen und das Weißbrot entrinden. Das Öl in einer großen Pfanne erhitzen. Knoblauch, Brot und Mandeln darin bei mittlerer Hitze 2 Min. unter Wenden rösten. Herausfischen und in den Mörser geben.

3. Die Koteletts in der Pfanne im verbliebenen Öl bei mittlerer Hitze von jeder Seite 3 Min. braten. Inzwischen Knoblauch, Brot und Mandeln im Mörser fein zerstoßen, den Orangensaft unterrühren.

4. Die Koteletts herausnehmen und zugedeckt warm halten. Den Bratensatz mit dem Sherry loskochen. Die Datteln und die *picada* dazugeben und bei starker Hitze 1 Min. unter Rühren einkochen lassen. Die Lammkoteletts auf vorgewärmte Teller verteilen und mit der Dattelsauce überziehen.

GARNIEREN: Einige frische Minzeblättchen in Streifen schneiden und darüber streuen.

BEILAGEN: Reis und Zuckerschoten

GETRÄNK: *rosado* (spanischer Roséwein) oder Sherry *(fino)*

VARIANTEN: Hähnchenbrustfilets 5–6 Min. pro Seite braten, herausnehmen, schräg in Scheiben schneiden und bei schwacher Hitze noch 2–3 Min. in der fertigen Sauce ziehen lassen. Kalbskoteletts pro Seite 4–5 Min. braten und zum Schluss noch 5 Min. in der Sauce ziehen lassen.

FÜR GEÜBTE
FRUCHTIG
AUS ANDALUSIEN

ZUBEREITUNG: 40 Min.
PRO PORTION CA.: 310 kcal

FÜR 4 PERSONEN:

1 Granatapfel
2 Orangen
600 g Lammrückenfilet
Salz | Pfeffer
3 EL Olivenöl
2 Knoblauchzehen
2 EL spanischer Brandy (nach Belieben)
Cayennepfeffer

Außerdem:

Olivenöl für die Form

Lamm mit Granatapfelsauce

CORDERO CON SALSA DE GRANADA

1. Den Granatapfel quer halbieren und die Kerne über einer Schüssel herauslösen. 2 EL Granatapfelkerne beiseite legen, den Rest durch ein Haarsieb passieren, dabei den Saft in einer Schüssel auffangen. Die Orangen mit einem scharfen Messer so schälen, dass auch die bittere weiße Haut entfernt wird. Die Fruchtfleischfilets zwischen den Trennhäutchen über der Schüssel mit dem Granatapfelsaft herausschneiden, um den Saft aufzufangen. Saft und Orangenfilets beiseite stellen. Den Backofen auf 180° vorheizen. Eine feuerfeste Form mit Öl ausstreichen.

2. Das Fleisch trockentupfen, salzen und pfeffern. Das Öl in einer Pfanne erhitzen. Die Knoblauchzehen mit dem Messerrücken ungeschält etwas zerdrücken und dazugeben. Das Fleisch darin bei mittlerer Hitze von jeder Seite 3–4 Min. anbraten.

3. Fleisch und Knoblauch in die Form geben (die Pfanne nicht auswaschen), nach Belieben mit dem Brandy beträufeln und im heißen Backofen (Mitte, Umluft 160°) 10–12 Min. braten. Herausnehmen und mit Alufolie abgedeckt ruhen lassen, bis die Sauce fertig ist.

4. Die Pfanne wieder erhitzen, den Granatapfel-Orangen-Saft angießen und bei starker Hitze in 1–2 Min. auf die Hälfte einkochen lassen. Mit Salz und Cayennepfeffer würzen. Die Orangenfilets und übrigen Granatapfelkerne dazugeben und zugedeckt bei schwacher Hitze 2 Min. erwärmen.

5. Das Fleisch schräg in Stücke schneiden und auf vorgewärmten Tellern anrichten. Mit der Sauce überziehen und servieren.

BEILAGE: Reis oder Couscous

GETRÄNK: *rosado* (spanischer Roséwein)

Mandeln und Aprikosen bereichern nicht nur spanische Desserts, sie geben auch pikanten Gerichten eine fruchtig-nussige Note.

FÜR ANFÄNGER
SÜSS-PIKANT
AUS MÁLAGA

ZUBEREITUNG: 25 Min.
BRATEN: 50 Min.
PRO PORTION CA.: 620 kcal

FÜR 4 PERSONEN:

2 EL Rosinen
375 ml Muskateller (Dessertwein aus Málaga)
250 g kleine Zwiebelchen (oder Schalotten)
800 g Schweinelende (ausgelöstes Kotelettstück)
Salz | Pfeffer
4 EL Olivenöl
1 Zimtstange
2 EL Mandelblättchen

Schweinelende mit Muskateller

LOMO A LA MALAGUEÑA

1. Die Rosinen in eine Tasse geben und mit Muskateller bedecken, den Rest des Weins beiseite stellen. Die Zwiebelchen schälen. Das Fleisch von Fett und Sehnen befreien und rundherum mit Salz und Pfeffer einreiben. Den Backofen auf 200° vorheizen.

2. Das Öl in einem Bräter erhitzen und das Fleisch darin bei mittlerer Hitze in 8–10 Min. sorgfältig von allen Seiten anbraten. Den restlichen Wein darüber gießen, die Zwiebelchen darum herum verteilen und die Zimtstange dazulegen. Im heißen Ofen (Mitte, Umluft 180°) 30 Min. braten.

3. Die Schweinelende wenden und in 15–20 Min. fertig garen, dabei regelmäßig mit dem Bratensaft begießen.

4. Inzwischen die Mandelblättchen in einer Pfanne ohne Fett bei schwacher Hitze unter Rühren goldbraun rösten. Das Fleisch aus dem Ofen nehmen und vor dem Anschneiden 5 Min. zugedeckt ruhen lassen.

5. Den Bräter wieder auf den Herd stellen, die Rosinen samt Wein in den Bratensaft geben und unter Rühren 2 Min. erwärmen. Die Zimtstange entfernen und die Sauce mit Salz und Pfeffer abschmecken. Die Lende in Scheiben schneiden. Sauce und Mandelblättchen darüber geben.

BEILAGEN: Kartoffeln und Möhrengemüse

GETRÄNK: der gleiche Muskateller, der für die Sauce verwendet wurde, oder *rosado* (spanischer Roséwein)

FÜR ANFÄNGER
FRUCHTIG
AUS MADRID

ZUBEREITUNG: 45 Min.
BEI 6 PERSONEN
PRO PORTION CA.: 225 kcal

FÜR 4–6 PERSONEN:

600 g reife Aprikosen
2 EL Zitronensaft
4 Knoblauchzehen
2 Schweinefilets (aus der Mitte, à 350–400 g)
Salz | Cayennepfeffer
2 EL Olivenöl
400 ml Kalbsfond (aus dem Glas; ersatzweise Hühnerbrühe)
1/2 Bund Koriandergrün

Außerdem:

Olivenöl für die Form

Schweinefilet mit Aprikosen

SOMILLO DE CERDO CON ALBERICOQUES

1. Die Aprikosen überbrühen, häuten, halbieren und entsteinen. In Längsspalten schneiden, in eine Schüssel geben und sofort mit dem Zitronensaft beträufeln. Den Knoblauch schälen und fein hacken.

2. Den Backofen auf 180° vorheizen. Eine feuerfeste Form gut mit Öl ausstreichen. Die Schweinefilets mit Küchenpapier abtupfen und mit Salz und Cayennepfeffer würzen. Das Olivenöl in einer Pfanne erhitzen und die Filets darin bei mittlerer Hitze in etwa 5 Min. rundum braun anbraten. In die Form legen und im heißen Backofen (Mitte, Umluft 160°) 12–20 Min. (je nachdem, wie rosig oder durch Sie das Fleisch bevorzugen) fertig garen.

3. Inzwischen den Knoblauch in die Pfanne geben und im verbliebenen Öl bei mittlerer Hitze 1 Min. unter Rühren anbraten. Den Fond angießen und die Hälfte der Aprikosenspalten dazugeben. Bei starker Hitze 6–7 Min. einkochen lassen. In einem hohen Aufschlaggefäß mit dem Pürierstab oder im Mixer fein pürieren. Zurück in die Pfanne geben und kräftig mit Salz und Cayennepfeffer abschmecken. Die restlichen Aprikosenspalten dazugeben und in der Sauce 2 Min. erwärmen.

4. Die Filets aus dem Ofen nehmen und zugedeckt 5 Min. ruhen lassen (dadurch verteilt sich der Saft gut im Fleisch und läuft beim Anschneiden nicht aus). Das Koriandergrün waschen und trockenschütteln, die Blätter abzupfen und nach Belieben grob hacken. Die Sauce auf vorgewärmte Teller verteilen. Die Filets in dicke Scheiben schneiden und darauf anrichten. Mit dem Koriander bestreuen.

BEILAGEN: Reis, Erbsen und Frühlingszwiebeln

GETRÄNK: Wasser

VARIANTE: Die Aprikosensauce passt auch ausgezeichnet zu Lammrückenfilets.

Diesen mit Mandeln und Knoblauch gefüllten *lomo* habe ich in Cáceres gegessen, aber leider nicht nach dem Rezept gefragt. Nach einigen Versuchen kann ich sagen – dieses Rezept kommt dem köstlichen Original sehr nahe.

Gefüllte Schweinelende

LOMO RELLENO

FÜR GEÜBTE
ORIENTALISCH ANGEHAUCHT
AUS DER EXTREMADURA

ZUBEREITUNG: 30 Min.
EINWEICHEN: 1 Std.
BRATEN: 50 Min.
PRO PORTION CA.: 515 kcal

FÜR 6 PERSONEN:

50 g getrocknete Aprikosen
150 g gehäutete Mandeln (s. S. 16 oder fertig gekauft)
6 Knoblauchzehen
Salz
1 kg Schweinelende (ausgelöstes Kotelettstück)
Cayennepfeffer
1 Zwiebel
4 EL Olivenöl
100 ml Sherry (*medium*; wahlweise frisch gepresster Orangensaft)
400 ml Kalbsfond (aus dem Glas; ersatzweise Instant-Geflügelbrühe)
1/2 TL Kreuzkümmelsamen

Außerdem:

Küchengarn

1. Die Aprikosen 1 Std. in lauwarmem Wasser einweichen, dann abgießen und sehr fein würfeln. Die Mandeln in einer Pfanne bei schwacher Hitze unter Rühren goldbraun rösten und abkühlen lassen.

2. 15 geröstete Mandeln beiseite legen, den Rest in den Mörser geben. Die Knoblauchzehen schälen, 1 Zehe beiseite legen, die übrigen grob zerkleinern und in den Mörser dazugeben. Mit 1 Prise Salz mittelfein zerstoßen, die Aprikosen untermischen.

3. Das Fleisch mit einem scharfen Messer tief einschneiden und auseinander klappen. Innen und außen kräftig mit Salz und Cayennepfeffer würzen. Die Aprikosen-Mandel-Mischung darauf verteilen, dabei einen Rand lassen. Die Schweinelende wie unten gezeigt zusammenbinden.

4. Den Ofen auf 180° vorheizen. Die Zwiebel schälen und fein hacken. Das Öl in einem Bräter erhitzen. Die gefüllte Lende darin bei mittlerer Hitze in 8–10 Min. sorgfältig von allen Seiten goldbraun anbraten. Die Zwiebel darum herum verteilen, 2 Min. mitbraten. Den Sherry über das Fleisch gießen. Im heißen Backofen (Mitte, Umluft 160°) 15 Min. braten.

5. Die Schweinelende wenden, die Hälfte des Fonds angießen und weitere 15 Min. braten. Noch einmal wenden, den restlichen Fond dazugeben und das Fleisch in 15–20 Min. fertig braten. Wenn sich das Fleisch bei sanftem Fingerdruck fest anfühlt und sich nicht mehr eindrücken lässt, ist es gar.

6. Inzwischen die beiseite gelegten Mandeln und die übrige Knoblauchzehe mit dem Kreuzkümmel und je 1 Prise Salz und Cayennepfeffer im Mörser fein zerstoßen.

7. Das gegarte Fleisch herausheben und zugedeckt 5 Min. ruhen lassen. Den Bräter wieder auf den Herd stellen und den Bratenfond aufkochen lassen. Die Mandelmischung dazugeben und 3 Min. unter Rühren einkochen lassen. Die Sauce in eine vorgewärmte Sauciere füllen.

8. Das Küchengarn aufschneiden und entfernen. Die Schweinelende in 1/2 cm dicke Scheiben schneiden und auf einer Platte anrichten.

BEILAGE: Bratkartoffeln (Beilage Seite 96, ohne Rosmarin)

GETRÄNK: *rosado* (spanischer Roséwein)

1. Die Schweinelende mit einem scharfen Messer tief einschneiden und auseinander klappen.

2. Das Fleisch würzen und die Aprikosen-Mandel-Mischung darauf verteilen, dabei einen Rand lassen.

3. Die Schweinelende über der Füllung zusammenklappen und mit Küchengarn festbinden.

Mit dem Knochen zubereitet bleibt das Fleisch saftig und die Sauce wird besonders aromatisch.

FÜR ANFÄNGER
AROMATISCH
FESTTAGSESSEN

ZUBEREITUNG: 35 Min.
SCHMOREN: 40 Min.
PRO PORTION CA.: 565 kcal

FÜR 4 PERSONEN:

1 kg kleine fest kochende Kartoffeln
300 g Perlzwiebeln
4 große Kalbskoteletts (à 250 g)
2 Knoblauchzehen
4 EL Mehl
Salz
4 EL Olivenöl
150 ml trockener Weißwein
400 ml Kalbsfond (aus dem Glas; ersatzweise Instant-Fleischbrühe)
1/2 Bund Petersilie

Koteletts auf kastilische Art

CHULETAS A LA CASTELLANA

1. Die Kartoffeln und die Zwiebeln schälen und beiseite stellen. Die Koteletts kalt abspülen und trockentupfen. Die Knoblauchzehen schälen und sehr fein hacken. Das Mehl auf einen Teller geben. Die Koteletts erst mit dem gehackten Knoblauch einreiben und salzen, dann im Mehl wenden. Eine *cazuela* (Seite 15; ersatzweise einen Schmortopf) bereitstellen.

2. In einer großen Pfanne 2 EL Öl erhitzen und die Koteletts darin portionsweise unter Zugabe des restlichen Öls bei mittlerer Hitze von jeder Seite 3 Min. anbraten. In die *cazuela* schichten, den Wein angießen und die Koteletts zugedeckt bei schwacher Hitze 20 Min. schmoren.

3. Inzwischen den Backofen auf 200° vorheizen. Die Kartoffeln und die Zwiebeln in der Pfanne im verbliebenen Öl bei mittlerer Hitze 7–8 Min. unter Wenden braten. Salzen und die Koteletts nach Ablauf der ersten 20 Min. in der *cazuela* damit umlegen. Den Fond dazugießen und alles im heißen Backofen (Mitte, Umluft 180°) zugedeckt in weiteren 15–20 Min. fertig garen.

4. Die Petersilie waschen und trockenschütteln, die Blätter fein hacken und über das fertige Gericht streuen. Zugedeckt in der *cazuela* auftragen und den Deckel erst bei Tisch abnehmen.

BEILAGE: grüne Bohnen

GETRÄNK: trockener Weißwein, z. B. Rueda

FÜR ANFÄNGER
FRISCH-SÄUERLICH
AUS ASTURIEN

ZUBEREITUNG: 20 Min.
BACKEN: 45 Min.
PRO PORTION CA.: 450 kcal

FÜR 4 PERSONEN:

1 große Zwiebel
2 Knoblauchzehen
400 g kleine Egerlinge
1/2 Bund Petersilie
2 Zweige Thymian
4 Schweinekoteletts (à 180 g)
Salz | Pfeffer
6 EL Olivenöl
375 ml *sidra* (herber Apfelwein)
3 EL Semmelbrösel

Koteletts in Apfelwein

CHULETAS DE CERDO A LA SIDRA

1. Die Zwiebel und den Knoblauch schälen und fein hacken. Die Egerlinge putzen, trocken abreiben und vierteln. Die Petersilie und den Thymian waschen und trockenschütteln, die Blätter abzupfen und fein hacken.

2. Die Koteletts kalt abspülen, mit Küchenpapier trockentupfen und von beiden Seiten salzen und pfeffern.

3. Den Ofen auf 200° vorheizen. 3 EL Öl in einer Pfanne erhitzen. Die Zwiebel und den Knoblauch darin bei starker Hitze 2 Min. anbraten. Die Egerlinge dazugeben und 3 Min. unter Rühren mitbraten. In einer feuerfesten Form, in der die Koteletts nebeneinander Platz haben, verteilen und den Apfelwein angießen.

4. Die Koteletts auf die Pilze legen. Die Kräuter und die Semmelbrösel darauf streuen und das restliche Öl darüber träufeln. Im heißen Ofen (Mitte, Umluft 180°) 40–45 Min. backen.

BEILAGE: Weißbrot oder Kartoffeln

GETRÄNK: *sidra* (herber Apfelwein)

INFO

In Asturien werden die *chuletas* mit den Pilzen zubereitet, die die Wälder der Region hergeben. Wenn Sie also selbst gerne zum Pilzesuchen gehen, dann probieren Sie das Rezept unbedingt mit Steinpilzen, Maronenröhrlingen, Pfifferlingen oder was immer Sie an schmackhaften Speisepilzen finden.

FÜR ANFÄNGER
DEFTIG
AUS ASTURIEN

ZUBEREITUNG: 40 Min.
MARINIEREN: 24 Std.
SCHMOREN: 1 Std. 10 Min.
PRO PORTION CA.: 580 kcal

FÜR 4 PERSONEN:

- 2 Möhren
- 1 kleine Stange Lauch
- Salz | Zucker
- 1 TL schwarze Pfefferkörner
- 1 Lorbeerblatt
- je 2 Zweige Thymian und Petersilie
- 1 kg Wildschweinfleisch (z. B. aus der Keule)
- 100 ml Sherry *(fino)*
- 100 g Serranoschinken (S. 13)
- 150 g Perlzwiebeln
- 50 g Schweineschmalz | Pfeffer
- 250 g kleine Champignons
- 2 Knoblauchzehen
- 1 unbehandelte Orange

Wildschweinragout

JABALÍ ESTOFADO

1. Die Möhren putzen, schälen und in Scheiben schneiden. Den Lauch putzen, in Ringe schneiden und waschen. 1 l Wasser mit je 1 EL Salz und Zucker, Pfefferkörnern, Lorbeer, Möhren und Lauch zum Kochen bringen. Thymian und Petersilie waschen und dazugeben. Bei mittlerer Hitze 15 Min. kochen, dann abkühlen lassen.

2. Das Fleisch kalt abspülen und trockentupfen. In 4–5 cm große Stücke schneiden. Die Fleischstücke in eine Schüssel geben und die Hälfte des Sherrys und den kalten Gemüsesud darüber gießen. Zugedeckt im Kühlschrank 24 Std. marinieren.

3. Am nächsten Tag das Fleisch aus der Marinade nehmen und trockentupfen. Die Marinade durch ein Sieb gießen. Den Sud und das Gemüse beiseite stellen.

4. Den Schinken würfeln und die Zwiebeln schälen. Das Schmalz in einem Schmortopf erhitzen, den Schinken darin bei starker Hitze 2 Min. anbraten. Das Fleisch dazugeben und 5–6 Min. unter Wenden anbraten. Die Möhren und den Lauch (aus der Marinade) dazugeben und 2 Min. mitbraten. Die Zwiebeln hinzufügen, salzen, pfeffern und den restlichen Sherry angießen. Zugedeckt bei mittlerer Hitze 30 Min. schmoren, dabei gelegentlich umrühren. Bei Bedarf etwas Sud angießen.

5. Inzwischen die Pilze putzen, trocken abreiben und in Scheiben schneiden. Den Knoblauch schälen und fein hacken. Die Orange heiß waschen und abtrocknen. Die Schale fein abreiben, den Saft auspressen. Pilze, Knoblauch, Orangenschale und -saft untermischen und alles weitere 30–40 Min. schmoren, bis das Fleisch weich ist. Das Ragout mit Salz und Pfeffer würzen und heiß servieren.

GARNIEREN: mit frisch gehackter Petersilie

BEILAGE: Kartoffeln

GETRÄNK: Rotwein, z. B. Valdepeñas

Kalbsbraten mit Oliven

TERNERA ASADA CON ACEITUNAS

1. Die Zwiebel schälen und fein hacken. Die Möhre putzen, schälen und in feine Scheiben schneiden. Die Tomaten kreuzweise einritzen, überbrühen, häuten und entkernen (siehe Tipp Seite 17). Das Fruchtfleisch klein würfeln, dabei die Stielansätze entfernen.

2. Das Fleisch rundherum salzen. Das Schmalz in einem Schmortopf erhitzen. Den Braten darin bei mittlerer Hitze in 8–10 Min. sorgfältig von allen Seiten goldbraun anbraten. Die Zwiebel, die Möhre und die Tomaten dazugeben und 2 Min. unter Rühren mitbraten. Mit dem Weißwein ablöschen und alles zugedeckt bei schwacher Hitze 30 Min. schmoren.

3. Das Kalbfleisch wenden, die Hälfte des Kalbsfonds angießen und alles weitere 30 Min. schmoren.

4. Den Serranoschinken in feine Streifen schneiden. Die Oliven nach Belieben entsteinen. Den Braten wieder wenden und den Schinken und die Oliven dazugeben. Den restlichen Fond angießen und das Fleisch in 15–20 Min. fertig garen.

5. Den Braten herausheben und zugedeckt 5 Min. ruhen lassen. Das Fleisch quer zur Faser in Scheiben schneiden und auf vorgewärmte Teller geben. Die Olivensauce darauf verteilen.

BEILAGE: Für Safranreis als Beilage für 6 Personen 350 g Langkornreis mit $^3/_4$ l Wasser in einem Topf zum Kochen bringen, 1 TL Salz hinzufügen und 1 Döschen Safranfäden (0,1 g) unterrühren. Zugedeckt bei sehr schwacher Hitze 18–20 Min. quellen lassen. Vor dem Servieren nach Belieben Butterflöckchen unterziehen.

GETRÄNK: trockener Weißwein

FÜR ANFÄNGER
FÜR GÄSTE
AUS SEVILLA

ZUBEREITUNG: 20 Min.
SCHMOREN: 1 Std. 20 Min.
PRO PORTION CA.: 350 kcal

FÜR 6 PERSONEN:

- 1 Zwiebel
- 1 Möhre
- 2 reife Tomaten
- 1,2 kg Kalbsnuss
- Salz
- 50 g Schweineschmalz (ersatzweise 4 EL Olivenöl)
- 150 ml trockener Weißwein
- $^1/_4$ l Kalbsfond (aus dem Glas; ersatzweise Instant-Gemüsebrühe)
- 1 dicke Scheibe Serranoschinken (50 g; S. 13)
- 150 g milde grüne Oliven (am besten *manzanillas*; S. 160)

Bei diesen beiden Rezepten bildet die fruchtige Süße von Birnen und Trauben das Gegengewicht zu deftigem Fleisch.

FÜR ANFÄNGER
WINTERGERICHT
AUS ASTURIEN

ZUBEREITUNG: 40 Min.
SCHMOREN: 50 Min.
PRO PORTION CA.: 675 kcal

FÜR 4 PERSONEN:

3 reife Tomaten
800 g Rindergulasch
Salz | Pfeffer | 1 EL Mehl
200 ml trockener Weißwein
4 reife Birnen
Saft von 1 Zitrone
1 EL Zucker | 1 Zimtstange
1 kleine Dose Maronen (Esskastanien; 250 g Abtropfgewicht)

Für die *picada*:

1 Knoblauchzehe
1 kleine Scheibe altbackenes Weißbrot (etwa 30 g)
6 Mandeln

Außerdem:

6 EL Olivenöl

Rindfleisch mit Birnen und Kastanien

TERNERA CON PERAS Y CASTAÑAS

1. Die Tomaten kreuzweise einritzen, überbrühen, häuten und entkernen (siehe Tipp Seite 17). Das Fruchtfleisch klein würfeln, dabei die Stielansätze entfernen. Das Fleisch mit Küchenpapier trockentupfen und eventuell kleiner, in $1^1/_2$ cm große Würfel schneiden. Salzen, pfeffern und mit dem Mehl bestäuben.

2. Für die *picada* (siehe Seite 16/17) die Knoblauchzehe schälen und das Brot entrinden. Das Öl in einer Schmorpfanne erhitzen. Knoblauch, Brot und Mandeln darin 2 Min. unter Wenden rösten. Herausfischen und in den Mörser geben.

3. Das Fleisch in die Pfanne geben und bei starker Hitze 5–6 Min. unter Rühren anbraten. Den Wein angießen, die Tomaten unterrühren. Zugedeckt bei mittlerer Hitze 30 Min. schmoren, gelegentlich umrühren. Bei Bedarf etwas Wasser hinzufügen.

4. Inzwischen die Birnen schälen, in einen Topf geben und mit Wasser bedecken. Den Zitronensaft, den Zucker, 1 Prise Salz und die Zimtstange dazugeben. Die Birnen bei schwacher Hitze in 8–10 Min. weich kochen. Im Sud lauwarm abkühlen lassen. Die Maronen in ein Sieb abgießen, kalt abbrausen und abtropfen lassen.

5. Für die *picada* Knoblauch, Brot und Mandeln im Mörser fein zerstoßen und mit 3–4 EL Birnensud verrühren. In die Pfanne geben und unterrühren. Die Maronen hinzufügen und alles bei schwacher Hitze weitere 20 Min. schmoren.

6. Das Fleisch mit den Maronen zum Servieren in eine vorgewärmte Schüssel füllen. Die Birnen aus dem Sud heben, abtropfen lassen und dazuservieren.

GETRÄNK: *sidra* (herber Apfelwein) oder leichter Rotwein

FÜR ANFÄNGER
FRUCHTIG
AUS MÁLAGA

ZUBEREITUNG: 25 Min.
BRATEN: 1 Std.
PRO PORTION CA.: 530 kcal

FÜR 4 PERSONEN:

4 Entenkeulen (à etwa 250 g)
Salz | Pfeffer
1 Zwiebel
je 150 g weiße und blaue Weintrauben
150 ml Málaga (Dessertwein)
1–2 EL Zitronensaft
Zimtpulver
Muskatnuss, frisch gerieben

Entenkeulen mit Trauben

PATO CON UVA

1. Den Backofen auf 180° vorheizen. Die Entenkeulen kalt abspülen und trockentupfen. Die Haut mehrfach mit einer Nadel einstechen, damit das Fett beim Braten abfließen kann. Die Keulen mit Salz und Pfeffer einreiben und mit der Hautseite nach unten in einen Bräter legen. Die Zwiebel schälen, fein hacken und um die Keulen verteilen. Im heißen Ofen (Mitte, Umluft 160°) etwa 30 Min. braten.

2. Die Keulen wenden und weitere 20 Min. braten, dabei gelegentlich mit dem austretenden Entenfett bepinseln.

3. Die Trauben waschen, halbieren und eventuell entkernen. Eine Keule an der dicksten Stelle einstechen: Wenn der austretende Fleischsaft klar ist, sind die Keulen fertig, sonst 5–10 Min. weiterbraten.

4. Die Entenkeulen aus dem Bräter heben und zugedeckt warm halten. Das Fett mit einem Esslöffel von der Oberfläche des Bratfonds abschöpfen.

5. Den Bräter auf den Herd stellen und erhitzen. Den Bratfond mit dem Málaga ablöschen und bei starker Hitze 3 Min. einkochen lassen. Die Sauce mit Salz, Pfeffer, Zitronensaft und je 1 Prise Zimtpulver und Muskat abschmecken. Die Trauben hinzufügen und bei schwacher Hitze 2 Min. erwärmen. Die Entenkeulen auf vorgewärmte Teller verteilen und die Traubensauce dazugeben.

BEILAGEN: Möhrengemüse und Reis

GETRÄNK: reifer Rotwein, z. B. Ribera del Duero

REQUENA

Orientalisch gewürzt und knusprig gebraten – ein Festmahl für alle Fleischfans.

Maurische Fleischspieße

PINCHOS MORUNOS

FÜR ANFÄNGER
WÜRZIG
AUS ANDALUSIEN

ZUBEREITUNG: 25 Min.
MARINIEREN: 4 Std.
PRO PORTION CA.: 365 kcal

FÜR 4 PERSONEN:

8 EL Olivenöl
4 EL Zitronensaft
1 EL Kreuzkümmelsamen
1 EL gemahlener Koriander
1 TL Cayennepfeffer
3 Knoblauchzehen
800 g Lammrückenfilet
2 Lorbeerblätter
Salz

Außerdem:

8 lange Holzspieße
Olivenöl für die Spieße

1. Für die Marinade in einer Schüssel 6 EL Öl mit dem Zitronensaft verrühren. Den Kreuzkümmel im Mörser grob zerstoßen und mit dem Koriander und dem Cayennepfeffer untermischen. Den Knoblauch schälen, dazupressen und unterrühren.

2. Das Lammfleisch in etwa 3 cm große Würfel schneiden und gut mit der Marinade vermischen. Die Lorbeerblätter dazwischenlegen. Das Fleisch zugedeckt im Kuhlschrank mind. 4 Std. (am besten über Nacht) ziehen lassen.

3. Die Spieße einölen. Die marinierten Lammwürfel auf die Spieße stecken. In einer großen Eisenpfanne das restliche Öl erhitzen. Die Spieße darin eventuell portionsweise bei starker Hitze von jeder Seite 1 Min. anbraten und bei mittlerer Hitze unter gelegentlichem Wenden in 6–8 Min. fertig braten, dabei mit der restlichen Marinade bestreichen. Die Fleischspieße vor dem Servieren salzen.

BEILAGEN: bunter Salat und Weißbrot

GETRÄNK: reifer Rotwein, z. B. Rioja

VARIANTEN: In Andalusien nimmt man für die *pinchos morunos* nicht nur Lammfleisch, sondern auch Lammherz und -nieren, die ebenfalls in die Marinade eingelegt und im Wechsel mit den Fleischwürfeln (oder auch anstelle derselben) aufgespießt werden.

Zwischen die Fleischwürfel können Sie Schalotten (schälen), Zucchinischeiben (etwa 1 cm dick schneiden), Auberginenstücke (salzen, 30 Min. Wasser ziehen lassen und in der Marinade wenden) oder Paprikastücke stecken.

Einen fruchtigen Akzent bekommen die Spieße durch Aprikosen (frische Aprikosen halbieren und entsteinen, weiche getrocknete Aprikosen 1 Std. in lauwarmem Wasser einlegen), die Sie im Wechsel mit marinierten Lammfleisch- oder Hähnchenbrustfiletstücken und halbierten Frühlingszwiebeln auf die Spieße stecken (Hähnchenspieße benötigen etwa 8–10 Min.).

Schließlich können Sie auch die Marinade nach Belieben abwandeln: z. B. 6 EL Olivenöl mit 4 EL Zitronensaft verrühren, 1 TL grob gemahlenen Pfeffer und je 1 EL frisch gehackte Rosmarinnadeln und Thymianblättchen untermischen. Knoblauchfans pressen noch 1 geschälte Knoblauchzehe dazu.

Für Spieße aus Schweinenacken je 1 EL Anis- und Kreuzkümmelsamen in einer Pfanne bei schwacher Hitze 2 Min. rösten, etwas abkühlen lassen und mit 1 TL Pfefferkörnern im Mörser grob zerstoßen. Mit 6 EL Olivenöl mischen und die Fleischwürfel darin marinieren. Diese Gewürze machen auch etwas fetteres Fleisch bekömmlich.

TIPP!

Sie können die Spieße natürlich auch auf dem Grill zubereiten: Grillen Sie die marinierten Lammspieße etwa 10 Min. von allen Seiten und bestreichen Sie sie dabei mit der restlichen Marinade.

Früher hat man Kaninchenfleisch, vor allem Wildkaninchen, eingelegt und auf diese Weise haltbar gemacht. Daraus wurde eines der beliebtesten spanischen Gerichte.

FÜR GEÜBTE
FRISCH-SÄUERLICH
KLASSIKER

ZUBEREITUNG: 20 Min.
GAREN: 50 Min.
PRO PORTION CA.: 435 kcal

FÜR 4 PERSONEN:

1 küchenfertiges Kaninchen (etwa 1,4 kg)
2 Zwiebeln | 4 EL Olivenöl
200 ml trockener Weißwein
100 ml Weißweinessig
4 frische Lorbeerblätter
1 Zweig Thymian | Salz
1 TL schwarze Pfefferkörner

Eingelegtes Kaninchen

CONEJO EN ESCABECHE

1. Das Kaninchen in 8–10 Stücke teilen. Die Stücke kalt abspülen und mit Küchenpapier trockentupfen. Die Zwiebeln schälen und in Scheiben schneiden.

2. Das Öl in einem Schmortopf erhitzen. Die Kaninchenstücke darin bei mittlerer Hitze in 7–8 Min. von allen Seiten anbraten. Die Zwiebeln hinzufügen und 2 Min. mitbraten.

3. Den Wein, den Essig und so viel Wasser angießen, dass die Kaninchenstücke knapp bedeckt sind. Die Lorbeerblätter, den Thymian, 1 TL Salz und die Pfefferkörner dazugeben. Zugedeckt bei schwacher Hitze 45–50 Min. leise kochen lassen, die Fleischstücke gelegentlich wenden.

4. Das Kaninchen warm oder auch kalt jeweils mit etwas Sud servieren. Wenn es kalt serviert werden soll, das Fleisch im Sud abkühlen lassen und zugedeckt in den Kühlschrank stellen.

BEILAGE: Kartoffeln oder Weißbrot

GETRÄNK: kräftiger Weißwein oder Bier

FÜR GEÜBTE
WÜRZIG
AUS DER EXTREMADURA

ZUBEREITUNG: 40 Min.
MARINIEREN: 2 Std.
SCHMOREN: 50 Min.
PRO PORTION CA.: 555 kcal

FÜR 4 PERSONEN:

1 küchenfertiges Kaninchen (etwa 1 1/2 kg)
Salz
4 Knoblauchzehen
8 EL Olivenöl
1 TL getrockneter Oregano
2 EL Weißweinessig
2 große rote Paprikaschoten (ersatzweise gehäutete Paprikaschoten aus dem Glas)
1 reife Tomate
100 g Kaninchenleber
1 EL edelsüßes Paprikapulver
1 TL gemahlener Kreuzkümmel
Pfeffer

Geschmortes Kaninchen

SALMOREJO DE CONEJO

1. Das Kaninchenfleisch auslösen, kalt abspülen und trockentupfen. Das Fleisch in mundgerechte Stücke schneiden und salzen. 3 Knoblauchzehen schälen und fein hacken. 4 EL Öl in eine Schüssel geben. Das Kaninchenfleisch, den gehackten Knoblauch, den Oregano und den Essig darin gut vermischen und zugedeckt bei Zimmertemperatur 2 Std. ziehen lassen.

2. Inzwischen die frischen Paprikaschoten grillen, häuten, putzen (siehe Küchengeheimnis Seite 17) und in kleine Würfel schneiden (Paprikaschoten aus dem Glas vorher abtropfen lassen). Die Tomate kreuzweise einritzen, überbrühen, häuten und entkernen (siehe Tipp Seite 17). Das Fruchtfleisch klein würfeln, dabei den Stielansatz entfernen.

3. Die restliche Knoblauchzehe schälen. 2 EL Öl in einem Schmortopf erhitzen und die Leber und die Knoblauchzehe darin in 2–3 Min. rundum anbraten. Herausnehmen und beiseite legen.

4. Das übrige Öl im Topf erhitzen und das marinierte Kaninchenfleisch darin bei mittlerer Hitze in 6–7 Min. von allen Seiten goldbraun anbraten. Das Paprikapulver darüber stäuben und die Paprika- und Tomatenwürfel untermischen. 200 ml Wasser angießen und zum Kochen bringen. Zugedeckt bei schwacher Hitze etwa 40 Min. schmoren, gelegentlich umrühren und bei Bedarf noch etwas Wasser angießen.

5. Die gebratene Leber würfeln und im Mörser (oder Blitzhacker) mit der gebratenen Knoblauchzehe und dem Kreuzkümmel zu einer feinen Paste verarbeiten. 4 EL Schmorflüssigkeit unterrühren und die Mischung in den Topf geben. Gut unterrühren und offen bei mittlerer Hitze 10 Min. einkochen lassen. Mit Salz und Pfeffer abschmecken.

GARNIEREN: mit frisch gehackter Petersilie

BEILAGE: Weißbrot oder Reis

GETRÄNK: Bier oder kräftiger Weißwein

VARIANTE: Wenn Sie sich mit der Kaninchenleber nicht anfreunden können, dann dicken Sie die Sauce mit Brot an: 1 entrindete Scheibe altbackenes Weißbrot (etwa 50 g) mit der Knoblauchzehe goldbraun braten und später mit dem Kreuzkümmel im Mörser zerstoßen.

Hier ein beliebter Klassiker, wobei das Aroma wesentlich von der Qualität des Hähnchens bestimmt wird.

Hähnchen in Safran-Mandel-Sauce

POLLO EN PEPITORIA

1. Die Eier in kochendem Wasser in etwa 10 Min. hart kochen, kalt abschrecken und abkühlen lassen.

2. Das Hähnchen wie unten gezeigt in 10 Stücke zerlegen. Die Hähnchenteile kalt abspülen und trockentupfen. Mit Salz und Pfeffer würzen und im Mehl wenden.

3. Die Zwiebeln schälen und fein hacken. Die Knoblauchzehen für die *picada* (siehe Seite 16/17) schälen. Einen Schmortopf bereitstellen. Das Öl in einer großen Pfanne erhitzen und die ganzen Knoblauchzehen darin bei starker Hitze 1–2 Min. rösten. Herausnehmen und in den Mörser geben. Die Hähnchenteile in dem aromatisierten Öl in 7–8 Min. rundum anbraten. Herausheben und in den Schmortopf legen, die Pfanne nicht auswaschen.

4. Die Zwiebeln in die Pfanne geben und bei mittlerer Hitze in 3–4 Min. goldbraun anbraten. Den Pfanneninhalt über die Hähnchenteile in den Schmortopf gießen.

5. Den Weißwein und den Geflügelfond angießen und zum Kochen bringen. Die Petersilie waschen und trockenschütteln, die Blätter abzupfen und sehr fein hacken und mit dem Lorbeerblatt dazugeben. Das Hähnchen zugedeckt bei schwacher Hitze 20 Min. schmoren.

6. Inzwischen für die *picada* die Eier pellen, die Eigelbe herauslösen (die Eiweiße anderweitig verwenden) und zum Knoblauch in den Mörser geben. Die Mandeln grob hacken und mit dem Safran dazugeben. Alles zu einer feinen Masse zerstoßen. 4–5 EL Flüssigkeit aus dem Schmortopf unterrühren. Die *picada* in den Schmortopf geben und gut untermischen. Weitere 10 Min. zugedeckt bei schwacher Hitze schmoren, bis das Hähnchen fertig ist.

7. Die Hähnchenteile in eine Schüssel geben und warm stellen. Das Lorbeerblatt entfernen. Die Sauce im Schmortopf bei starker Hitze unter Rühren 3–4 Min. einkochen lassen, abschmecken und über die Hähnchenstücke verteilen.

BEILAGE: Reis

GETRÄNK: reifer Weißwein, z. B. Rueda

VARIANTE: Man verwendet für dieses Rezept auch gerne Hennen *(gallina en pepitoria)*, deren Fleisch fester und würziger ist. Die Garzeit erhöht sich um 15–20 Min.

1. Das Hähnchen mit einem scharfen Messer oder einer Geflügelschere entlang des Brustbeins und des Rückgrats in zwei Hälften teilen.

2. Die Hähnchenschenkel aus den beiden Hälften herausschneiden und im Gelenk in je zwei Stücke schneiden.

3. Die Flügel im Gelenk herausschneiden und die Hähnchenbrüste samt Knochen quer halbieren.

FÜR GEÜBTE
WÜRZIG
AUS MADRID

ZUBEREITUNG: 1 Std.
PRO PORTION CA.: 845 kcal

FÜR 4 PERSONEN:

Für die *picada*:

2 Eier
3 Knoblauchzehen
120 g gehäutete Mandeln (s. S. 16 oder fertig gekauft)
2 Döschen Safranfäden (0,2 g)

Für das Hähnchen:

1 großes Freilandhähnchen (etwa 1 1/2 kg)
Salz | Pfeffer
3 EL Mehl
2 große Zwiebeln
1/4 l trockener Weißwein
400 ml Geflügelfond (aus dem Glas; ersatzweise Hühnerbrühe)
2 Stängel Petersilie
1 Lorbeerblatt

Außerdem:

100 ml Olivenöl

Zwei sehr moderne Hähnchengerichte, die vor allem von jungen, kalorienbewussten Spaniern geschätzt werden.

FÜR ANFÄNGER
SCHNELL
AUS MADRID

ZUBEREITUNG: 35 Min.
PRO PORTION CA.: 230 kcal

FÜR 4 PERSONEN:

2 Zitronen
4 junge Artischocken
1 Zwiebel
2 Knoblauchzehen
4 Hähnchenbrustfilets (à etwa 140 g)
Salz | Pfeffer
2 EL Olivenöl
2 Zweige frischer Thymian
Zucker

Hühnerbrüstchen mit Artischocken

PECHUGAS DE POLLO CON ALCACHOFAS

1. Eine Schüssel mit kaltem Wasser bereitstellen. Den Saft von 1/2 Zitrone dazupressen. Die Artischocken waschen. Die Stiele jeweils knapp am Artischockenboden abschneiden. Die äußeren harten Blätter entfernen und die Blattspitzen mit einer Küchenschere kappen. Die Artischocken halbieren und dabei das Heu im Inneren herauskratzen, jede Hälfte längs dritteln. Sofort in das Zitronenwasser geben, damit die Artischocken nicht braun werden.

2. Die Zwiebel und den Knoblauch schälen und fein hacken. Die restlichen 1 1/2 Zitronen auspressen. Die Hähnchenbrustfilets kalt abspülen, trockentupfen und rundum mit Salz und Pfeffer würzen.

3. Das Öl in einer Schmorpfanne erhitzen und die Hähnchenbrustfilets darin bei mittlerer Hitze von jeder Seite 3–4 Min. braten. Herausnehmen und auf einem Teller zugedeckt warm halten.

4. Die Zwiebel und den Knoblauch in die Pfanne geben und bei starker Hitze 1 Min. anbraten. Die Artischocken durch ein Sieb abgießen und hinzufügen, 3 Min. unter Rühren mitbraten. Die Hähnchenbrustfilets samt dem Bratensaft, der entstanden ist, wieder in die Pfanne geben und den Zitronensaft darüber träufeln. Zugedeckt bei schwacher Hitze 7–8 Min. schmoren.

5. Inzwischen den Thymian waschen und trockenschütteln, die Blättchen abstreifen und kurz vor Ende der Garzeit über Fleisch und Artischocken streuen. Mit Salz und Zucker abschmecken.

BEILAGE: Weißbrot oder Kartoffeln

GETRÄNK: Weißwein, z. B. Verdejo

FÜR GEÜBTE
SÜSS-SCHARF
ANDALUSISCH INSPIRIERT

ZUBEREITUNG: 35 Min.
MARINIEREN: 12 Std.
SCHMOREN: 20 Min.
PRO PORTION CA.: 445 kcal

FÜR 4 PERSONEN:

4 Knoblauchzehen
200 ml Sherry *(medium)*
1 EL Honig
1 Brathähnchen (1,2 kg)
Salz | Cayennepfeffer
2 EL Olivenöl
1 Hand voll Kirschtomaten
1 EL Pinienkerne

Sherryhähnchen

POLLO AL JEREZ

1. Für die Marinade den Knoblauch schälen und fein hacken. Den Sherry in einem Topf zum Kochen bringen. Knoblauch und Honig untermischen und bei schwacher Hitze 1 Min. kochen lassen. Lauwarm abkühlen lassen.

2. Inzwischen das Hähnchen in 8–10 Stücke zerlegen (siehe Seite 131). Die Hähnchenteile kalt abspülen und mit Küchenpapier trockentupfen. Mit Salz und reichlich Cayennepfeffer würzen. Die Teile in eine Schüssel oder Tupperform schichten und die Marinade darüber gießen. Zugedeckt im Kühlschrank 12 Std. ziehen lassen.

3. Die Hähnchenteile aus der Marinade nehmen und mit Küchenpapier trockentupfen. Das Öl in einer Schmorpfanne erhitzen und das Fleisch darin bei mittlerer Hitze in 7–8 Min. rundum anbraten. Die Marinade durch ein feines Sieb dazugießen. Zugedeckt bei schwacher Hitze 15 Min. schmoren, dabei gelegentlich wenden und bei Bedarf etwas Wasser angießen.

4. Die Tomaten waschen und in der Pfanne verteilen. Die Pinienkerne darüber streuen und alles noch 5 Min. zugedeckt schmoren. Zur Garprobe mit einem spitzen Messer an der dicksten Stelle einer Keule bis zum Knochen einstechen. Wenn der Bratensaft hell ist, ist das Sherryhähnchen fertig, ist der Saft noch rosa, noch 5 Min. weiterschmoren.

VARIANTE: Wenn Ihnen die Sache mit dem Hähnchenteilen zu kompliziert erscheint, nehmen Sie einfach Hähnchenbrustfilets oder Hähnchenkeulen.

BEILAGEN: Zuckerschoten und Safranreis (Seite 123)

GETRÄNK: *rosado* (spanischer Roséwein)

Sie brauchen keine Bedenken zu haben, dass die Sauce süß würde, die bittere Schokolade rundet die Sauce perfekt ab.

Rebhühnchen mit Schokoladensauce

PERDICES CON CHOCOLATE

FÜR ANFÄNGER
UNGEWÖHNLICH
AUS DER EXTREMADURA

ZUBEREITUNG: 20 Min.
GAREN: 40 Min.
BEI 4 PERSONEN PRO PORTION CA.: 350 kcal

FÜR 2–4 PERSONEN:

2 küchenfertige Rebhühner (à etwa 300 g; frisch oder TK, über Nacht im Kühlschrank aufgetaut)
1 Zwiebel
2 Knoblauchzehen
6 EL Olivenöl
2 EL Weißweinessig
2 Lorbeerblätter
Salz | Pfeffer, frisch gemahlen
250 g Perlzwiebeln (oder Schalotten)
100 g Bitterschokolade (mind. 70 % Kakao-Anteil)
Cayennepfeffer

1. Die Rebhühner innen und außen kalt abspülen und mit Küchenpapier trockentupfen. Die Zwiebel und den Knoblauch schälen und fein hacken.

2. Das Öl in einem Schmortopf erhitzen. Die Rebhühner darin bei mittlerer Hitze in 7–8 Min. sorgfältig von allen Seiten anbraten. Die Zwiebel und den Knoblauch hinzufügen und 2 Min. mitbraten.

3. So viel Wasser angießen, dass die Rebhühner knapp bedeckt sind. Den Essig und die Lorbeerblätter dazugeben und mit je 1/2 TL Salz und Pfeffer würzen. Zugedeckt bei schwacher Hitze etwa 25 Min. leise kochen lassen, dabei die Rebhühner gelegentlich wenden.

4. Die Perlzwiebeln schälen, dazugeben und zugedeckt weitere 15 Min. kochen lassen. Zur Probe mit einem spitzen Messer in die dickste Stelle einer Keule stechen: Wenn das leicht geht, die Rebhühner herausheben und zugedeckt warm halten, sonst noch einige Min. weiterkochen lassen. Die Perlzwiebeln mit einem Schaumlöffel herausfischen und ebenfalls zugedeckt warm halten.

5. Den Sud durch ein feines Sieb gießen und auffangen. 150 ml Sud abmessen und in einen Topf geben. Die Schokolade zerbröckeln, hinzufügen und bei schwacher Hitze unter Rühren schmelzen lassen. Die Sauce mit Salz und Cayennepfeffer abschmecken.

6. Die Rebhühner halbieren, nach Belieben häuten und auf vorgewärmte Teller geben. Mit den Zwiebelchen umlegen und mit der Schokoladensauce überziehen.

GETRÄNK: reifer Rotwein, z. B. Gran Reserva Ribera del Duero

TIPP!

Die Rebhuhnsaison ist kurz (September bis Mitte Dezember). In der Zeit sollten Sie sich diesen außergewöhnlichen Gaumenschmaus unbedingt gönnen!

Die kleinen Rebhühner zählen wie die Fasane zu den Hühnervögeln.

Postres

Süße Leckereien aus Früchten, Eiern und Mandeln

Diese Torte ist ganz schön zeitaufwändig, aber das Resultat ist ein Gedicht. Die »Aahs« und »Oohs« Ihrer Gäste werden Sie für die Mühe entlohnen.

FÜR GEÜBTE
FRUCHTIG
FÜR FESTTAGE

Orangentorte aus Valencia

TARTA DE NARANJA

ZUBEREITUNG: 1 Std. 15 Min.
PRO STÜCK CA.: 355 kcal

FÜR 1 SPRINGFORM VON 30 CM Ø/12 STÜCK:

Für den Teig:

250 g Mehl
60 g Zucker
1 Prise Salz
1 Ei
1 Eigelb
100 g kalte Butter

Für den Belag:

5 Orangen, 2 davon unbehandelt
50 g Butter
5 Eier (Größe L)
250 g Zucker
2 EL Orangenmarmelade
2 EL Orangenlikör (ersatzweise Orangensaft)

Außerdem:

Butter und Mehl für die Springform
Mehl für die Arbeitsfläche

1. Das Mehl auf die Arbeitsfläche sieben und eine Mulde formen. Zucker, Salz, Ei und Eigelb hineingeben. Die Butter in kleine Würfel schneiden und hinzufügen. Alles schnell zu einem glatten Teig verkneten. Den Teig zu einer Kugel formen und in Frischhaltefolie gewickelt 30 Min. in den Kühlschrank legen.

2. Inzwischen für den Belag in einem Topf Wasser für ein heißes Wasserbad erhitzen. 3 Orangen auspressen (die unbehandelten Orangen beiseite legen). Die Butter in einem Pfännchen schmelzen. Die Eier in einer zum Topf passenden Metallschüssel mit dem Schneebesen verquirlen. 200 g Zucker, den Orangensaft und die flüssige Butter unterrühren. Die Schüssel ins Wasserbad hängen und die Masse unter ständigem Rühren in 10–15 Min. zu einer sämigen Creme aufschlagen. Den Backofen auf 180° vorheizen.

3. Die Springform mit Butter ausstreichen und mit Mehl ausstäuben. Den Teig auf der bemehlten Arbeitsfläche zu einem Kreis von etwa 32 cm Ø ausrollen. Die Form mit dem Teig auskleiden, dabei einen etwa 2 cm hohen Rand formen. Die Orangencreme in die Springform füllen und den Kuchen im heißen Backofen etwa 30 Min. (Mitte, Umluft 160°) backen.

4. Währenddessen die unbehandelten Orangen heiß waschen und abtrocknen. Am besten mit der Schneidemaschine (ersatzweise mit einem scharfen Messer) in 2 mm dünne Scheiben schneiden. In einem großen flachen Topf oder einer großen Pfanne den restlichen Zucker mit 150 ml Wasser unter Rühren erhitzen, bis sich der Zucker gelöst hat. Die Orangenscheiben hineingeben und einmal aufkochen lassen. Vom Herd nehmen und abkühlen lassen.

5. Den Kuchen aus dem Backofen nehmen und lauwarm abkühlen lassen. Die Orangenscheiben vorsichtig einzeln, damit sie nicht zerfallen, aus dem Topf oder der Pfanne heben (am besten mit einer Palette) und dachziegelartig von außen nach innen auf dem Kuchen anordnen. Die Orangenmarmelade in einem Töpfchen mit dem Orangenlikör verrühren, leicht erwärmen und als Glasur über die Orangenscheiben verteilen.

Orangen reifen nach der Ernte nicht nach. Die süßesten und saftigsten Früchte kommen direkt vom Baum.

Aprikosen aus Almería und Pfirsiche aus Valencia sorgen in Spanien für fruchtig-süße Genüsse.

FÜR GEÜBTE
KNUSPRIG
SOMMERDESSERT

ZUBEREITUNG: 50 Min.
RUHEN: 1 Std.
BACKEN: 10 Min. + 15 Min.
PRO STÜCK CA.: 290 kcal

FÜR 1 SPRINGFORM VON 26 CM Ø/10 STÜCK:

Für den Teig:

200 g Mehl | 60 g Zucker
1 Prise Salz | 3 Eigelbe
100 g kalte Butter

Für den Belag:

1 kg reife Aprikosen (ersatzweise 1 große Dose Aprikosenhälften; 480 g Abtropfgewicht)
Saft von 1 Zitrone
3 Eigelbe | 2 EL Zucker
4 EL Sherry *(medium)*
2 EL Mandelstifte

Außerdem:

Butter und Mehl für die Springform
Mehl für die Arbeitsfläche

Aprikosentarte

TARTA DE ALBERICOQUES

1. Das Mehl auf die Arbeitsfläche sieben und eine Mulde formen. Zucker, Salz und Eigelbe hineingeben. Die Butter in kleine Würfel schneiden und hinzufügen. Alles schnell zu einem glatten Teig verkneten. Den Teig zu einer Kugel formen und in Frischhaltefolie gewickelt 1 Std. in den Kühlschrank legen.

2. Inzwischen für den Belag die Aprikosen überbrühen, häuten, halbieren und entsteinen. Die Hälften sofort mit dem Zitronensaft beträufeln. (Aprikosenhälften aus der Dose abtropfen lassen.)

3. Den Backofen auf 180° vorheizen. Die Form mit Butter ausstreichen und mit Mehl ausstäuben. Den Teig auf der bemehlten Arbeitsfläche vorsichtig zu einem Kreis von etwa 28 cm Ø ausrollen. Die Form mit dem Teig auskleiden, dabei einen 2 cm hohen Rand formen. Den Boden mehrfach mit einer Gabel einstechen. Im heißen Backofen (Mitte, Umluft 160°) 10 Min. vorbacken.

4. Inzwischen für den Belag in einem heißen Wasserbad die Eigelbe mit dem Zucker mit dem Handrührgerät in etwa 3 Min. weißschaumig aufschlagen, dann den Sherry esslöffelweise unterschlagen. Den vorgebackenen Boden aus dem Ofen nehmen. Die Sherrycreme darauf verteilen.

5. Die Aprikosenhälften auf Küchenpapier abtrocknen und von außen nach innen auf der *tarta* anordnen. Die Mandelstifte über die Aprikosen streuen. Die Aprikosentarte zurück in den heißen Backofen (Mitte, Umluft 160°) stellen und in etwa 15 Min. fertig backen. Am besten schmeckt sie lauwarm als Dessert.

TIPP!

Der Teig bröselt sehr leicht, weil er sehr zart ist. Am besten lässt sich die *tarta* mit einem Sägemesser portionieren.

FÜR ANFÄNGER
SAFTIG
KLASSIKER

ZUBEREITUNG: 30 Min.
BACKEN: 10 Min.
PRO PORTION CA.: 235 kcal

FÜR 4 PERSONEN:

2 große gelbfleischige Pfirsiche
3 EL Zucker
Saft von 1/2 Zitrone
1 Stück unbehandelte Zitronenschale
1 Zimtstange
1 EL Mandelblättchen
40 g Orangeat | 40 g Marzipan
1 Eiweiß
1 Msp. Salz | 50 g Zucker

Außerdem:

1 Spritzbeutel mit weiter Tülle

Pfirsiche mit Mandelbaiser

MELOCOTONES CON MERENGUE DE ALMENDRAS

1. Die Pfirsiche mit kochend heißem Wasser überbrühen, häuten, halbieren und entsteinen. In einem Topf 1/2 l Wasser mit dem Zucker, dem Zitronensaft, der Zitronenschale und der Zimtstange bei starker Hitze 2 Min. einkochen lassen. Die Pfirsichhälften hineinlegen und darin halb zugedeckt bei schwacher Hitze 5 Min. ziehen lassen. Vom Herd nehmen und die Pfirsichhälften im Sud etwas abkühlen lassen.

2. Die Mandelblättchen in einer kleinen Pfanne ohne Fett unter Rühren goldbraun rösten, abkühlen lassen. Das Orangeat fein hacken und mit dem Marzipan verkneten.

3. Die Pfirsichhälften mit einem Schaumlöffel aus dem Sud heben, abtropfen lassen und mit der Öffnung nach oben nebeneinander in eine feuerfeste Form setzen. Aus der Orangeat-Marzipan-Masse 4 Kugeln formen, diese jeweils in die Pfirsichöffnungen drücken.

4. Den Backofen auf 200° vorheizen. Das Eiweiß mit dem Salz mit dem Handrührgerät steif schlagen, dabei nach und nach den Zucker einrieseln lassen. Die gerösteten Mandelblättchen unterheben. Die Masse in einen Spritzbeutel mit weiter Tülle füllen (damit die Mandelblättchen durchpassen) und die Pfirsiche damit garnieren. Im heißen Ofen (Mitte, keine Umluft) in 8–10 Min. goldgelb überbacken. Lauwarm servieren.

Für diesen einfachen Dessertklassiker, der in nahezu allen mediterranen Küchen zu Hause ist, lässt so mancher die raffiniertesten Nachtische stehen.

Karamellcreme

FLAN DE HUEVOS

FÜR GEÜBTE
ZART UND CREMIG
KLASSIKER

ZUBEREITUNG: 40 Min.
STOCKEN LASSEN: 30 Min.
KÜHLEN: 1 Std. + 4 Std.
PRO PORTION CA.: 185 kcal

FÜR 8 PERSONEN:

150 g Zucker
$^3/_4$ l Milch
1 Vanilleschote
3 Eier
2 Eigelbe

Außerdem:

8 feuerfeste Dessertförmchen (à 100 ml Inhalt)
1 feuerfeste Auflaufform, in der die Förmchen Platz haben, für das Wasserbad
1 Zeitungsdoppelseite für die Auflaufform

1. Die Dessertförmchen bei 80° im vorgeheizten Ofen erwärmen (damit sie durch den Karamell nicht springen). 100 g Zucker in eine Pfanne geben und bei schwacher Hitze zu hellem Karamell schmelzen.

2. Die Förmchen aus dem Ofen nehmen und den Karamell mit einem angewärmten Löffel darin verteilen, so dass der Boden bedeckt ist. Etwas abkühlen lassen und in den Kühlschrank stellen.

3. Die Milch mit dem restlichen Zucker in einen Topf geben. Die Vanilleschote längs aufschneiden, das Mark herauskratzen. Mark und Vanilleschote zur Milch geben und diese zum Kochen bringen.

4. Inzwischen die Eier und die Eigelbe in einer Schüssel verrühren, aber nicht schaumig schlagen. Die heiße Milch mit der Vanilleschote unter Rühren dazugießen. Die Eier-Vanille-Milch abkühlen lassen.

5. Den Backofen auf 180° vorheizen. Eine Zeitungsdoppelseite falten und in die Auflaufform legen (sie sorgt dafür, dass die Förmchen keinen direkten Bodenkontakt haben und der *flan* gleichmäßig im Wasserbad gart). Die Förmchen aus dem Kühlschrank nehmen und mit etwas Abstand zueinander auf die Zeitung in die Auflaufform stellen. Wasser für das Wasserbad zum Kochen bringen.

6. Die Eier-Vanille-Milch durch ein feines Sieb in einen Messbecher mit Schnabel füllen, dann die Förmchen vorsichtig damit füllen. Das heiße Wasser angießen, bis die Förmchen zu zwei Dritteln im Wasser stehen.

7. Die Auflaufform vorsichtig in den heißen Backofen (Mitte, Umluft 160°) schieben und den *flan* in etwa 30 Min. stocken lassen. Herausnehmen und in etwa 1 Std. vollständig abkühlen lassen. Die Förmchen mit Frischhaltefolie abdecken und mind. 4 Std. (am besten 24 Std.) in den Kühlschrank stellen.

8. Zum Servieren den *flan* mit einem spitzen Messer vom Förmchenrand lösen und in flache Dessertschälchen stürzen.

GARNIEREN: je nach Jahreszeit mit frischen Erdbeeren oder in Orangenlikör marinierten Orangenfilets

VARIANTE: 2 EL Sherry *(medium)* oder Orangenlikör unter den Zucker für den Karamell mischen.

1. Den Zucker zu Karamell schmelzen und mit einem angewärmten Löffel in die Dessertförmchen verteilen.

2. Die Eier-Vanille-Milch durch ein feines Sieb in einen Messbecher umfüllen und in die Förmchen gießen.

3. Heißes Wasser angießen, bis die Förmchen zu zwei Dritteln im Wasser stehen.

Bei diesen cremigen Desserts bekommen nicht nur spanische Kinder glänzende Augen.

FÜR ANFÄNGER
MIT FEINER KRUSTE
AUS KATALONIEN

ZUBEREITUNG: 20 Min.
KÜHLEN: 2 Std.
PRO PORTION CA.: 360 kcal

FÜR 4 PERSONEN:

2 gestrichene EL Speisestärke
1/2 l Milch
1 Zimtstange
4 Eigelbe
125 g Zucker
1/2 TL abgeriebene unbehandelte Zitronenschale

Außerdem:

4 EL Zucker für die Kruste

Crema catalana

1. Die Stärke mit 6 EL kalter Milch verrühren. Die restliche Milch mit der Zimtstange in einem Topf einmal aufkochen lassen. Vom Herd nehmen.

2. In einem zweiten Topf die Eigelbe und den Zucker mit dem Schneebesen verrühren, bis sich der Zucker gelöst hat. Die Milch durch ein feines Sieb dazugießen (die Zimtstange dabei entfernen), die Zitronenschale und die Stärke unterrühren.

3. Den Topf auf den Herd stellen und die Mischung langsam unter ständigem Rühren bis knapp unter den Siedepunkt erhitzen. Vorsicht, sie darf nicht kochen! Wenn die Masse leicht sämig wird, in vier feuerfeste Schalen füllen. Die Creme erst bei Zimmertemperatur, dann mit Frischhaltefolie abgedeckt im Kühlschrank etwa 2 Std. abkühlen lassen.

4. Zum Servieren den Backofengrill auf 250° erhitzen. Jeweils 1 EL Zucker auf die Creme streuen und unter dem Grill (oben) in 2–3 Min. goldbraun karamellisieren.

VARIANTE: Mit einem Bunsenbrenner können Sie die *crema* elegant vor den Augen Ihrer Gäste mit der Zuckerkruste krönen.

INFO

Viele traditionelle spanische Dessertrezepte enthalten viele Eigelbe. Ihr Ursprung: Bei der Sherryherstellung brauchte man zum Klären des Weins früher große Mengen von Eiweiß, die Eigelbe verschenkten die Kellereien oft an Nonnen, die daraus die feinsten Süßigkeiten herstellten – und die Rezepte weitergaben.

FÜR GEÜBTE
FRUCHTIG
KLASSIKER

ZUBEREITUNG: 40 Min.
BACKEN: 30 Min.
KÜHLEN: 1 Std. + 2 Std.
BEI 6 PERSONEN
PRO PORTION CA.: 235 kcal

FÜR 4–6 PERSONEN:

300 ml frisch gepresster Orangensaft (von 3–4 Orangen)
200 g Zucker
6 Eigelbe | 1 Ei
abgeriebene Schale von 1/2 unbehandelten Orange

Außerdem:

1 runde feuerfeste Form von 20 cm Ø
1 feuerfeste Auflaufform, in der die runde Form Platz hat, für das Wasserbad
1 Zeitungsdoppelseite für die Auflaufform

Orangenflan

TOCINILLO DE NARANJA

1. Den Orangensaft mit 100 g Zucker in einen Topf geben und bei mittlerer Hitze in 10 Min. zu Sirup kochen. Vom Herd nehmen und abkühlen lassen.

2. Die runde Form in den Backofen stellen und auf 80° erwärmen. 100 ml Wasser mit dem restlichen Zucker in einen zweiten Topf geben und bei mittlerer Hitze in 10 Min. zu klarem Sirup kochen. Die Form aus dem Ofen nehmen und mit dem klaren Sirup ausgießen. Wasser für ein heißes Wasserbad erhitzen. Die Auflaufform mit einer gefalteten Zeitungsdoppelseite auslegen (vgl. Seite 143). Den Backofen auf 180° vorheizen.

3. Die Eigelbe, das Ei und die Orangenschale in einer Schüssel mit dem Schneebesen verrühren, aber nicht schaumig schlagen. Den kalten Orangensirup in dünnem Strahl dazugießen und sorgfältig unterrühren. Die Mischung in die runde Form gießen, diese mit Alufolie verschließen und auf die Zeitung in die Auflaufform stellen. Das heiße Wasser angießen, so dass die Form zu zwei Dritteln im Wasser steht. Die Auflaufform vorsichtig in den heißen Ofen (Mitte, Umluft 160°) stellen und den Orangenflan in etwa 30 Min. fest werden lassen.

4. Herausnehmen und die Folie entfernen. Den Orangenflan erst bei Zimmertemperatur in etwa 1 Std. vollständig abkühlen lassen, dann mit Frischhaltefolie abdeckt mindestens 2 Std. (am besten über Nacht) in den Kühlschrank stellen. Zum Servieren mit einem spitzen Messer am Rand lösen, eine passende Schale auf die Form stülpen, mit beiden Händen umdrehen und den Orangenflan stürzen.

GARNIEREN: mit Granatapfelkernen oder frischen halbierten Erdbeeren

Rosquillas oder *roscos* wurden ursprünglich nur in der *Semana santa*, der Karwoche, gebacken. Heute bekommt man sie das ganze Jahr über.

FÜR ANFÄNGER
WÜRZIG
OSTERGEBÄCK

ZUBEREITUNG: 45 Min.
BACKEN: 12 Min.
PRO STÜCK CA.: 100 kcal

FÜR 20 STÜCK:

- 3 Eier
- 100 g Zucker
- 4 EL Olivenöl
- 1 TL Anissamen
- 2 EL Anislikör (ersatzweise Wasser)
- 250 g Mehl
- 1/2 Päckchen Backpulver

Außerdem:

- Mehl für die Arbeitsfläche
- Puderzucker zum Bestäuben

Aniskringel

ROSQUILLAS

1. Die Eier und den Zucker in eine Rührschüssel geben und in etwa 3 Min. mit dem Handrührgerät weißschaumig aufschlagen. Das Olivenöl, die Anissamen und den Anislikör unterrühren. Das Mehl und das Backpulver dazusieben und untermischen. Die Masse auf die bemehlte Arbeitsfläche geben und zu einem formbaren Teig verarbeiten.

2. Den Backofen auf 180° vorheizen. Ein Blech mit Backpapier belegen. Den Teig in 20 gleich große Portionen teilen. Diese zu Kugeln formen und mit der Teigrolle zu 1/2 cm dicken Kreisen ausrollen. Mit dem Finger jeweils in die Mitte ein Loch stechen, um den *rosquillas* ihre typische Ringform zu geben, und die Teigportionen zu Kringeln formen.

3. Die Kringel mit etwas Abstand auf das Blech legen und im heißen Ofen (Mitte, Umluft 160°) 10–12 Min. backen. Etwas abkühlen lassen, mit Puderzucker besieben.

GETRÄNK: Sherry *(oloroso)*

VARIANTE: In Spanien heißen sie *rosquillas tontas y listas* (dumme – ohne – und schlaue – mit Zuckerguss). In Spanien beliebter sind natürlich die »schlauen«: Dazu kochen Sie aus 200 g Zucker, dem Saft von 2 Zitronen und 400 ml Wasser in 10 Min. einen Sirup und lassen ihn etwas abkühlen. Die *rosquillas* kurz eintauchen und auf einem Kuchengitter abtropfen lassen. Für die Glasur 150 g Puderzucker mit 2 EL Zitronensaft verrühren, die *rosquillas* damit bestreichen und trocknen lassen.

FÜR GEÜBTE
KNUSPRIG
FRÜHSTÜCKSSPEZIALITÄT

ZUBEREITUNG: 45 Min.
BEI 25 STÜCK
PRO STÜCK CA.: 60 kcal

FÜR 20–25 STÜCK:

- 1/4 TL Salz
- 50 ml neutrales Pflanzenöl
- 100 g Mehl
- 3 Eier
- 2 EL Zucker

Außerdem:

- 1 Spritzbeutel mit gezackter Tülle
- neutrales Pflanzenöl zum Frittieren

Churros

1. In einem Topf 175 ml Wasser zum Kochen bringen, das Salz hinzufügen. Das Öl dazugießen. Das Mehl auf einmal hineinschütten und bei mittlerer Hitze so lange mit einem Holzkochlöffel rühren, bis sich ein glatter Teigkloß bildet. Den Teigkloß »abbrennen«, d. h. bei mittlerer Hitze noch 2 Min. weiterrühren.

2. Den Topf vom Herd nehmen und den Teigkloß 2 Min. abkühlen lassen. Die Eier einzeln hinzufügen und jeweils mit dem Handrührgerät unter den Teig rühren.

3. Reichlich Öl in der Fritteuse oder einem breiten Topf erhitzen. Den Teig portionsweise in einen Spritzbeutel mit gezackter Tülle füllen. Jeweils 10–12 cm lange Stränge – gerade oder zu Schlingen geformt – ins heiße Öl drücken, eventuell mit einem Messer abschneiden. Die *churros* in 4–5 Min. goldbraun frittieren, dabei gelegentlich wenden. Mit einem Schaumlöffel herausheben, auf Küchenpapier entfetten und noch warm mit dem Zucker bestreuen.

GETRÄNK: Dazu schmeckt dickflüssige, heiße *chocolate*: Für 4 Tassen 300 g Edelbitterschokolade fein hacken, mit 1/2 l Wasser in einem Topf unter Rühren schmelzen. 1 TL Maisstärke (oder Speisestärke) mit 2 EL kaltem Wasser anrühren. Unter die Schokolade rühren und dreimal kurz aufkochen lassen. In Spanien füllt man die *chocolate* in hohe Tassen und stippt die *churros* ein.

TIPP!

Frittieröl können Sie wiederverwenden: Gießen Sie es lauwarm durch einen Kaffeefilter mit Filtertüte, um die Rückstände zu entfernen, und bewahren Sie es kühl auf (jedoch nicht im Kühlschrank).

Desserts aus *turrón* sind eine beliebte Weihnachtsspezialität. Das spanische Mandelkonfekt schmeckt aber auch pur – und das ganze Jahr über – zum Dahinschmelzen gut.

FÜR ANFÄNGER
ERFRISCHEND
AUS KATALONIEN

Zitronensorbet mit Cava

SORBETE DE LIMÓN CON CAVA

ZUBEREITUNG: 20 Min.
ABKÜHLEN: 1 Std.
GEFRIEREN: 3 Std.
PRO PORTION CA.: 285 kcal

FÜR 4 PERSONEN:

2 Zitronen
200 g Zucker
375 ml Cava
(*sec*; spanischer Sekt)

1. Eine Metallschüssel ins Tiefkühlfach stellen. Die Zitronen auspressen, den Saft mit dem Zucker und 1/4 l Wasser in einem Topf bei starker Hitze in 5 Min. zu Sirup kochen. Vom Herd nehmen und 1 Std. abkühlen lassen.

2. Den abgekühlten Zitronensirup in die eiskalte Metallschüssel geben, den Cava dazugießen und unterrühren. 1 Std. ins Tiefkühlfach stellen.

3. Die angefrorene Masse mit einer Gabel kräftig durchrühren, damit Luft unter das Sorbet geschlagen wird. Den Vorgang in den nächsten 2 Std. etwa alle 30 Min. wiederholen.

4. Das Zitronensorbet, am besten mit einem Eisportionierer, zu Kugeln formen und in Kelchgläser oder Dessertschälchen geben.

GARNIEREN: 1 roséfarbene Grapefruit mit einem scharfen Messer so schälen, dass auch die bittere weiße Haut entfernt ist, die Fruchtfleischfilets zwischen den Trennhäutchen herausschneiden und das Sorbet damit garnieren.

VARIANTEN: Für Zitronen-Minz-Sorbet die Blätter von 3 Stängeln frischer Minze in feine Streifen schneiden und mit dem Cava unterrühren. Wer eine Eismaschine besitzt, kann das Sorbet natürlich auch damit herstellen. Oder Sie geben je 2 Kugeln fertig gekauftes Zitronensorbet in Kelchgläser und füllen diese mit eisgekühltem Cava auf.

FÜR GEÜBTE
NUSSIG
WEIHNACHTSDESSERT

Turrón-Parfait

SEMIFRÍO DE TURRÓN

ZUBEREITUNG: 25 Min.
GEFRIEREN: 4 Std.
PRO PORTION CA.: 340 kcal

FÜR 6 PERSONEN:

300 g Sahne
75 g *turrón duro imperial* (S. 161)
20 g Orangeat
2 EL spanischer Brandy (nach Belieben)
20 g Edelbitterschokolade
4 Eigelbe
60 g Zucker
1 Vanilleschote

Außerdem:

6 Dessertförmchen (à 100 ml Inhalt)

1. Die Dessertförmchen ins Tiefkühlfach stellen. Die Sahne in eine Metallschüssel geben und in den Kühlschrank stellen.

2. Den *turrón* so weit es geht von der Oblate befreien und mittelfein hacken. Das Orangeat fein hacken und nach Belieben in einer Tasse mit dem Brandy mischen. Die Schokolade klein hacken.

3. Die Sahne steif schlagen und wieder in den Kühlschrank stellen. Die Eigelbe und den Zucker in eine Schüssel geben. Die Vanilleschote längs aufschneiden, das Mark mit einem Messer herauskratzen und hinzufügen. Mit dem Handrührgerät in etwa 3 Min. weißschaumig aufschlagen.

4. Den *turrón*, das Orangeat mit Brandy und die Schokolade mit dem Schneebesen unter die Eiermasse mischen. Zuerst eine Hälfte der Schlagsahne unterrühren, dann die restliche Sahne vorsichtig unterheben.

5. Die Parfaitmasse in die eiskalten Dessertförmchen füllen. Die Förmchen kräftig auf die Arbeitsfläche stoßen, damit sich keine Luftblasen bilden. Mindestens 4 Std. ins Tiefkühlfach stellen.

6. Zum Servieren eine Schale mit heißem Wasser bereitstellen. Die Parfaits mit einem spitzen Messer am Rand lösen. Die Dessertförmchen kurz zur Hälfte ins heiße Wasser tauchen und auf einen Dessertteller stürzen. Nach Belieben mit frischen Früchten oder Beeren garnieren oder mit warmer Schokoladensauce servieren.

Die *Tarta de Santiago* wird traditionell mit dem Schwert des »Maurentöters«, als der der heilige Jakob in Spanien für seine Verdienste bei der christlichen Rückeroberung der maurisch besetzten Gebiete verehrt wird, verziert. Wem das wie mir zu martialisch ist, der dekoriert die *tarta* mit der Jakobsmuschel, dem Symbol der Jakobspilger.

FÜR ANFÄNGER
FEIN MANDELIG
AUS SANTIAGO

Mandelkuchen

TARTA DE SANTIAGO

ZUBEREITUNG: 30 Min.
BACKEN: 30 Min.
PRO STÜCK CA.: 480 kcal

FÜR 1 SPRINGFORM VON 26 CM Ø/10 STÜCK:

400 g gehäutete Mandeln (s. S. 16 oder fertig gekauft)
100 g weiche Butter
200 g Zucker
4 Eier (Größe L)
100 g Mehl
1/2 Päckchen Backpulver
abgeriebene Schale von 1 unbehandelten Zitrone

Außerdem:

Butter und Mehl für die Springform
1 Stück fester Karton (etwa 15 x 15 cm)
2 EL Puderzucker zum Bestäuben

1. Die Mandeln nicht zu fein mahlen. Den Backofen auf 180° vorheizen. Die Springform mit Butter ausfetten und mit etwas Mehl ausstäuben.

2. Die Butter und den Zucker in einer Rührschüssel mit dem Handrührgerät 3 Min. verrühren. Nach und nach die Eier hinzufügen und die Masse insgesamt weitere 7 Min. schaumig rühren.

3. Das Mehl und das Backpulver dazusieben und mit dem Schneebesen unterziehen. 175 ml Wasser unterrühren.

4. Die gemahlenen Mandeln und die abgeriebene Zitronenschale dazugeben und unterziehen. Den Teig in die Form füllen.

5. Den Kuchen im heißen Backofen (Mitte, Umluft 160°) etwa 30 Min. backen. Zum Ende der Backzeit mit einem Holzstäbchen in die Kuchenmitte stechen. Haftet kein Teig mehr daran, ist der Kuchen fertig, andernfalls noch einige Min. weiterbacken.

6. Den fertigen Kuchen herausnehmen und lauwarm abkühlen lassen. Inzwischen die Schablone für die Dekoration ausschneiden: Dazu, wie unten gezeigt, eine etwa 12 cm große Jakobsmuschel auf festen Karton zeichnen und ausschneiden.

7. Die Schablone auf den lauwarmen Mandelkuchen legen. Den Puderzucker in ein Sieb geben und den ganzen Kuchen dick damit bestäuben. Die Schablone vorsichtig wieder entfernen.

1. Für die Schablone die Umrisse und die charakteristischen Rillen einer Jakobsmuschel auf festen Karton zeichnen.

2. Die Muschel auf fester Unterlage mit einem Papiermesser ausschneiden und die Zwischenräume zwischen den Rillen herausschneiden.

3. Die Schablone auf den lauwarmen Kuchen legen, mit Puderzucker bestäuben. Die Schablone vorsichtig abheben.

Der reifere Sherry aus der unteren Fassreihe wird nach dem so genannten Solera-Verfahren mit dem jüngeren Sherry aus den oberen Fässern verschnitten.

Sherry, Wein und Cava

Spanien ist traditionell ein Weinland, auch wenn inzwischen gerne Bier *(cerveza)* getrunken wird, aus *cañas*, kleinen Gläsern, wie man sie bei uns für Kölsch oder Alt verwendet. Lange Zeit kam nur Wein von eher durchschnittlicher Qualität in den Export, gute Tropfen konnte man allenfalls vor Ort genießen oder selbst aus kleinen Kellereien beziehen. Mittlerweile aber hat sich Spanien dank junger kreativer Winzer vom Geheimtipp zur festen Größe für Weinkenner gemausert. Die neuen spanischen Weine brauchen den Vergleich mit der Konkurrenz aus Frankreich und Italien längst nicht mehr zu scheuen – und das zu immer noch verhältnismäßig günstigen Preisen.

Als Aperitif ein *fino*

Sherry – span. *vino de jerez* oder kurz *jerez* – ist ein Likörwein aus der Gegend um Jerez de la Frontera (Andalusien). Wenn Sie in einer andalusischen Bar einen *blanco* (Weißwein) bestellen, so bekommen Sie nicht selten einen *fino*, den strohfarbenen, trockenen Sherry, der dort nicht nur als Aperitif zu *tapas*, sondern auch gerne zum Essen getrunken wird. Er wird in *copitas*, kleinen tulpenförmigen Gläsern ausgeschenkt, die sein feines Mandelaroma besonders gut zur Geltung bringen. *Amontillado* ist ein halbtrockener,

KAFFEE

Klein, stark und schwarz – für einen *café solo* in der Bar nimmt man sich in Spanien zwischendurch immer mal Zeit. Mit einem Schuss *anís* (Anislikör) oder Brandy wird daraus ein *carajillo*.

bernsteinfarbener Sherry, der nach Walnüssen duftet und weicher im Aroma ist. Der dunklere *oloroso* mit süßem Akzent passt gut zu Desserts. *Oloroso*, mit Süßwein *(dulce)* verschnitten, nennt sich *Cream*. *Pale Cream* schließlich ist eine süße *fino*-Variante mit blasser Farbe und pikantem Aroma. Die bei uns gebräuchliche Bezeichnung »medium« entspricht in etwa dem *amontillado*. Eine Spezialität aus Sanlúcar de Barrameda, einer Küstenstadt in der Provinz Cádiz, ist der trockene, leicht salzig schmeckende *manzanilla*.

Cava – spanischer Sekt nach Champagner-Verfahren

Vorwiegend in Katalonien wird Cava, spanischer Schaumwein, in Flaschengärung nach traditioneller Champagner-Methode hergestellt. Umgangssprachlich wird er deshalb auch manchmal *champán* genannt. »Extra brut« und »brut« bezeichnen sehr trockenen bzw. trockenen Cava, der gut zu Fisch- und Meeresfrüchte-*tapas* schmeckt. Cava »sec« ist eine halbtrockene Sorte, die besonders zu fruchtigen Desserts passt.

Blanco, tinto und *rosado*

Neben Rotwein *(vino tinto)* aus den bekannten Weinbaugebieten La Rioja, Ribera del Duero, Valdepeñas (La Mancha) und Penedés (Katalonien) wird in Spanien auch ausgezeichneter Weiß- *(vino blanco)* und Roséwein *(rosado)* produziert. *Tempranillo* und *Garnacha* sind die wichtigsten Rebsorten der Rotweine, die edelsten Weißweine sind der galicische Albariño und der aus dem kastilischen Rueda stammende Verdejo. Die besten, intensiv-aromatischen *rosados* kommen aus Navarra.

Insgesamt umfasst das spanische Qualitätsstufensystem fünf Kategorien: Tafelwein *(vino de mesa)* und Landwein *(vino de la tierra)* sind die einfachsten. Die Prädikate *»Crianza«, »Reserva«* und *»Gran Reserva«* dürfen nur Qualitätsweine mit Herkunftsnachweis *(»Denominación de Origen«)* tragen. *Crianza* bedeutet: mind. 2 Jahre gereift, davon mind. 6 Monate in Eichenfässern; *Reserva*: mind. 3 Jahre Reife bei Rotwein, davon 1 Jahr in Eichenfässern (für Rosé- und Weißwein gelten 2 Jahre, davon 6 Monate in Eichenfässern). Spitzenweine der Kategorie *Gran Reserva* sind mind. 5 Jahre gereift, davon 24 Monate in Eichenfässern (Rosé- und Weißweine 4 Jahre, davon 6 Monate in Eichenfässern). Wer sich genauer über Lagen und Kellereien informieren möchte, dem empfehle ich Jan Read, *Spaniens Weine 2005/2006*, Hallwag Verlag 2005.

Aus einfachem Rotwein macht man vor allem im Süden und auf den Inseln das herrlich erfrischende Sommergetränk *sangría* (Rezept rechts). In Asturien und dem Baskenland zieht man die *sidra* vor, einen prickelnden Apfelwein mit fein-herbem Aroma, der dort in speziellen Apfelweinkneipen *(sidrerías)* – Frankfurter werden an dieser Stelle aufhorchen – zu regionalen Spezialitäten ausgeschenkt wird.

Brandy und *orujo*

Als Digestif nimmt man in Spanien gerne einen kleinen Brandy, der umgangssprachlich *coñac* genannt wird. Kennen Sie die haushohen Stiersilhouetten aus Metall, die in Andalusien da und dort in der Landschaft stehen und mittlerweile zum Markenzeichen Spaniens auf Tourismusplakaten avanciert sind? Mit ihnen wird für den spanischen Brandy *Veterano* geworben. An harten Spirituosen ist weiter der *orujo* zu nennen, ein Tresterschnaps, der die Basis der *quemada*, einer Art Feuerzangenbowle, ist. In Galicien heißt es, man brauche drei starke Männer für die *quemada*: Zwei halten den, der trinkt. Aber aus eigener Erfahrung kann ich sagen, das in einer Art magischem Ritual aus mit *orujo* flambiertem Zucker, Kaffeebohnen, Fruchtstückchen und geheimnisvollen Kräutern in einem Kessel über dem offenen Feuer hergestellte Gebräu schmeckt gar nicht so übel. Außerdem soll es die Wölfe vertreiben ...

SANGRÍA

Für 8 Longdrinkgläser je 1 unbehandelte Orange und Zitrone heiß waschen und in dünne Scheiben schneiden. Mit 1 EL Zucker, nach Belieben 2–3 EL spanischem Brandy und 1 Zimtstange in einen Krug geben. Wer mag, mischt noch je 1 in kleine Stückchen geschnittenen Apfel und Pfirsich hinzu. Mit dem Saft von je 1 Zitrone und Orange, 1 l trockenem Rotwein und $^1/_2$ l Mineralwasser auffüllen, umrühren und 4 Std. zugedeckt in den Kühlschrank stellen.

Spanische Esskultur

Buntes Tischtuch, einfache Teller und Gläser – im Alltag unterscheidet sich eine spanische Tafel nicht sehr von unserer.

Einfach und praktisch

Im Alltag wird in Spanien so wenig Aufhebens um die Tischdekoration gemacht wie bei uns: Schlichte Tischdecke, das Essen wird gleich in der Küche auf Teller verteilt und zu Tisch gebracht. Auch der Salat, der in einer großen ovalen Schale angerichtet ist und als Vorspeise gegessen wird, wird schon von der Hausfrau mit Salz, Essig und Öl angemacht. Knuspriges Weißbrot wird zu allen Gängen gegessen, deshalb darf der Brotkorb nicht fehlen. Ein Glas Wein (aber meist nicht mehr) und Wasser begleiten das Essen. Ein kleines Dessert ist auch im Alltag üblich, meist ein Stück frisches Obst, ein *flan* (siehe Seite 143 oder fertig gekauft) oder ein Eis. Zum Abschluss gibt es einen *café*.

Auf der *finca*

Jede Familie, die es sich einigermaßen leisten kann, besitzt eine kleine *finca*, ein Stück Land vor der Stadt, was von Schrebergartengröße mit kleiner Hütte darauf bis zu parkähnlichem Anwesen mit altem Herrenhaus alles bedeuten kann.

Auf der einfachen *finca* zieht man ein wenig eigenes Gemüse – viele Spanier sind leidenschaftliche Gärtner – und genießt mit der Familie das Wochenende. Gegessen wird an einem langen Holztisch, der mit einer bunten Tischdecke, Keramikgeschirr und einfachen Gläsern gedeckt ist. Die Vorspeisen werden von zu Hause mitgebracht, und dann wird gegrillt oder eine *paella* (Seite 83) über dem offenen Feuer zubereitet.

Im edlen Herrenhaus ist das Esszimmer oft mit den typisch spanischen Möbeln aus dunklem, fast schwarzem Holz eingerichtet, die Sie sicher schon, wenn nicht aus eigener Anschauung, so doch in Filmen gesehen haben. Darauf macht sich edles Porzellan, Silber und Kristall ganz hervorragend. Inzwischen sind einige dieser ehemaligen Adelssitze zu *paradores* (Hotels) umgebaut, in denen man nicht nur in edlem Ambiente übernachten, sondern meist auch ausgezeichnet regionaltypisch essen kann.

Privates Sonntagsessen

In den Familien, die Wert auf Tradition legen, wird der Sonntagstisch mit einer Decke aus Damast oder Spitze (aus Toledo), schönem, oft verschnörkeltem Porzellan, den besten Gläsern und dem guten Besteck gedeckt. (Zur Hochzeit hinterlegen die Brautleute in einschlägigen Geschäften Hochzeitslisten und lassen sich all diese Dinge von Verwandten und Freunden schenken.) Morgens geht man gemeinsam zur Kirche, dann verschwinden die Frauen – da ist man ganz konservativ – in der Küche und bereiten das mindestens dreigängige Essen zu (Menüvorschläge siehe Seite 158). Alle Gerichte werden in Terrinen, Schüsseln und auf Platten serviert.

Dieses Essen ist im Übrigen wirklich privat und der Familie vorbehalten. Spanier sind außerordentlich gastfreundlich und laden gerne ins Restaurant ein, eine Einladung nach Hause hingegen ist etwas ganz Besonderes. Wenn Sie dazu eingeladen werden, dürfen Sie sich in Zukunft beinahe als zur Familie gehörig betrachten.

Festliche Tischdekoration

In Spanien wird die festliche Tafel wie bei uns mit Damast, weißem Porzellan, Kristallgläsern und Silberbesteck gedeckt. Für Ihre *tapas*-Party oder Einladung zu einem spanischen Essen allerdings sollten Sie mit typisch spanischen Motiven spielen, um Ihrer Tafel südliches Flair zu verleihen. Legen Sie dazu eine CD mit spanischer Gitarrenmusik auf, das bringt Ihre Gäste in die richtige Stimmung.

Die *tapas*-Party

Für die *tapas*-Party mit Freunden decken Sie das Büfett in den spanischen Landesfarben mit rotem und gelbem Krepppapier (Schreibwarengeschäft) und arrangieren darauf all die Köstlichkeiten, die Sie anbieten, in mundgerechten Häppchen mit Holzspießchen versehen in Schälchen, auf Tellern und Platten. Vorschläge für *tapas*-Büfetts finden Sie auf Seite 158. Die kleinen Häppchen werden direkt genommen und aus der Hand verzehrt, deshalb sollten Sie Servietten dazulegen, am besten ebenfalls in Gelb und Rot, in farblichem Wechsel gestapelt.

Platzieren Sie in der Mitte des Büfetts eine große Obstschale mit Orangen, Trauben, Feigen und Granatäpfeln, einer davon aufgebrochen, so dass man die rotglänzenden Fruchtkerne sehen kann. Auf den Tisch (oder die Tische) stellen Sie zudem Schälchen mit Oliven und geröstetem Mais.

Kleine warme *tapas* machen sich am besten in *cazuelitas*, glasierten Tonschälchen, die Sie für wenig Geld bestellen können (siehe Seite 15 und Bezugsadressen Seite 159). An Getränken stellen Sie Sherry, spanischen Rot- und Weißwein, Wasser und im Sommer eine *sangría* (Rezept Seite 153) bereit. Für größere Feste können Sie die passenden Gläser – Sherrygläser z. B. hat man im Allgemeinen nicht so viele – beim Partyservice (Adressen in den Gelben Seiten) leihen.

Die Festtafel mit Spanien-Flair

Für ein spanisches Essen für 4–6 Personen (Menüvorschläge finden Sie auf Seite 158) breiten Sie ein schwarzes Tischtuch (oder ein Stück schwarzen Satin) über dem Tisch aus, legen rote Sets darauf und decken mit schlichten weißen Tellern. Weiße Stoffservietten werden zum Quadrat zusammengelegt und dreifach gefaltet. Umwickeln Sie dann jede Serviette mittig mit einem Stück breiter schwarzer Spitzenborte (jeweils ca. 20 cm lang; Kurzwarenabteilung im Kaufhaus) und tackern Sie diese auf der Rückseite so zu einem Serviettenring zusammen, dass die Serviette leicht tailliert erscheint. In jeden Serviettenring stecken Sie eine kurz abgeschnittene rote Nelke.

Für die Menükarten (siehe Fotos rechts) wählen Sie ein Motiv, das jeder mit Spanien verbindet: die Silhouette einer Flamencotänzerin, Don Quijote von Picasso, den Stier aus der *Veterano*-Werbung. Wer es kann, zeichnet das gewünschte Motiv mit rotem oder schwarzem Filzstift auf die Vorderseite einer weißen Doppelkarte (Schreibwarengeschäft); alle anderen pausen die Umrisse und markanten Linien von einem Kalenderblatt, einem CD-Cover, einem Werbeprospekt oder einer Vorlage aus dem Internet (unter www.google.de, Bilder, unter den Suchbegriffen »Flamencotänzerin« oder »Don Quijote« werden Sie fündig, allerdings sind da die Bildrechte zu beachten!) auf Pergamentpapier durch, schneiden das Motiv aus und kopieren es im Copyshop auf die Karten. Auf die Innenseite schreiben Sie das Menü, das Sie Ihren Gästen servieren

Als Aperitif bieten Sie gut gekühlten *fino* in *copitas* (Sherrygläsern) an.

Die eleganten Menükarten mit spanischen Motiven stimmen Ihre Gäste ein.

Der Serviettenring erinnert an eine *mantilla*, einen schwarzen Spitzenschleier.

Eine Obstschale mit Feigen und Granatäpfeln ist ein schöner Blickfang im Raum.

Stilvoll und elegant wirkt die Tischdeko in Spanien-Optik: Bereits wenige typische Accessoires genügen, um Ihren Tisch in eine spanische Festtafel zu verwandeln. Ihre Gäste können kommen!

werden – handschriftlich oder per Computer in der Schrift, die Ihnen gefällt. Die Textdatei auf den Karten richtig platziert auszudrucken, gelingt meist nur Computer-Profis. Sie können den Text für jede Karte auch einfach einzeln auf weißem Papier ausdrucken, die Ausdrucke entsprechend zurechtschneiden und dann in die Menükarten kleben.

1. Durchsichtiges Pergamentpapier auf das Motiv legen. Umriss und markante Linien mit dickem Filzstift nachzeichnen.

2. Das Motiv ausschneiden und im Copyshop auf die Vorderseite von weißen Doppelkarten kopieren.

3. Das Menü handschriftlich auf die Innenseite der Karte schreiben oder per Computer ausdrucken.

MUSIK

Zur leisen Untermalung eines festlichen Essens bietet sich klassische Gitarrenmusik von Isaac Albéniz, Manuel de Falla oder Joaquin Rodrigo (z. B. das Concierto de Aranjuez) an, besonders in den Aufnahmen der Virtuosen John Williams oder Andrés Segovia.

Als temperamentvolle Begleitung für Ihre *tapas*-Party legen Sie Flamenco-Gitarrenmusik von Paco de Lucía oder Pepe Romero auf. Für die Freunde spanischer Liedermacher- und Popmusik passen die zauberhaften Balladen von Rosana und die Titel der Heroes del silencio.

Vorschläge für Tapas-Büfetts und spanische Menüs

Tapas isst man in Spanien zwar normalerweise außer Haus in der Bar, die feinen Appetithäppchen eignen sich aber auch ausgezeichnet für eine Party. Stellen Sie Weißbrot dazu (100 g pro Person, z. B. Ciabatta, das ist dem spanischen Weißbrot am ähnlichsten), zudem ein paar Schälchen mit Oliven, Salzmandeln (Seite 20) und geröstetem Mais.

Tapas-Büfett für 8–10 Personen:

Speckdatteln (20)
Muscheln mit Tomaten-Vinaigrette (24)
Garnelen im Bierteig (28) mit Knoblauchmayonnaise (88)
Gefüllte Kirschtomaten (36)
Eingelegte Paprikaschoten (38)
Gefüllte Teigtäschchen mit Kürbisfüllung (61)
Hackfleischbällchen mit Tomatensauce (40)
Zum Dessert: Orangenflan (144)

Tapas-Büfett für 12–15 Personen:

Platte mit *jamón*, *lomo* und *chorizo* (13)
Gefüllte Oliven im Teigmantel (22)
Sherry-Zwiebelchen (34)
Marinierte Sardellen (30)
Auberginen und Kürbis (52)
Kartoffel-Tortilla (57)
Spargel mit Orangenschaum (36)
Seeteufelspießchen (32)
Zum Dessert: Crema catalana (144)

Menüs für 4–6 Personen:

Kartoffel-Tunfisch-Salat (46)
Lammkoteletts mit Safrangemüse (113)
Karamellcreme (143)

Knoblauch-Mandel-Suppe (69)
Dorade in der Salzkruste (105)
Pfirsiche mit Mandelbaiser (140)

Garnelen in Knoblauchöl (28)
Gefüllte Schweinelende (119)
Aprikosentarte (140)

Gratinierte Jakobsmuscheln (26)
Hühnerbrüstchen mit Artischocken (132)
Zitronensorbet mit Cava (148)

Lauwarmer Gemüsesalat (48)
Paella auf valencianische Art (83)
Orangentorte aus Valencia (138)

Literaturtipps und Bezugsadressen

Geschichte Spaniens in Romanen

Spanien hat eine lange, aufregende Geschichte. Diese beiden Romane geben einen – leicht lesbaren – Einblick in die Zeit zweier prägender Ereignisse: Das Ende der *reconquista*, der christlichen Rückeroberung der maurisch besetzten Gebiete im 15. Jahrhundert, und das Ende der Franco-Ära im Jahr 1975:

Tariq Ali, *Im Schatten des Granatapfelbaums*, Wilhelm Heyne Verlag 1993: 800 Jahre lebten die Mauren in Spanien, 1492 schließlich fällt die letzte Bastion, Granada. In der einfühlsam erzählten Geschichte einer maurischen Familie beschreibt der Autor die Vernichtung der arabischen Kultur in Spanien.

Rafael Chirbes, *Der Fall von Madrid*, Diana Verlag 2002: Der Autor schildert einen einzigen Tag im Leben einer Madrider Familie, den Tag, an dem Franco stirbt, und entwirft gleichzeitig ein fabelhaft gezeichnetes Bild der spanischen Gesellschaft im Aufbruch nach der Diktatur.

Reisen, Land und Leute

Für kulturell Interessierte, die die Nordhälfte Spaniens bereisen, ein Highlight: Cees Nooteboom, *Der Umweg nach Santiago*, Suhrkamp 1992. Der niederländische Schriftsteller gibt darin keinen Reisebericht im üblichen Sinne, sondern eine amüsante, profunde, von glänzender Beobachtungsgabe geprägte Schilderung spanischer Lebensart, Geschichte, Kunst und Kultur. Das reine Lesevergnügen!

Einen amüsanten Zugang zu Land und Leuten bietet Paul Ingendaay, *Gebrauchsanweisung für Spanien*, Piper Verlag 2002. In liebevollen Essays gewährt der Journalist, der seit 1998 mit seiner Familie als Korrespondent der FAZ in Madrid lebt, seinen Lesern einen Blick hinter die Kulissen spanischen Lebens, mit dem staunenden Blick des Fremden.

Spannende Fakten und Wissenswertes aus allen Bereichen vermittelt *Spanien, Kulturen erleben* aus der Reihe Polyglott, Land und Leute, Polyglott Verlag 2002. Übersichtlich nach Stichpunkten von A–Z geordnet; auch Spanienkenner werden da und dort Neues erfahren.

Küchenkultur, Zutaten und Rezepte

Wer sich für den Ursprung spanischer Rezepte und Zutaten interessiert, der wird in folgendem Buch fündig: Peter Hilgard, *Der maurische Traum, Dimensionen der Sinnlichkeit in al-Andalus*, Winfried Jenior Verlag 2002. Hilgard beschreibt darin – mit alten Quellen gut belegt – die Lebensweise der Mauren in Spanien, das Miteinander von Muslimen, Juden und Christen und ihre je eigenen, auch durch die Religion beeinflussten Ernährungsgewohnheiten. Welche Zutaten und Zubereitungsweisen bis heute in der spanischen Küche fortleben, sich auch in den Namen widerspiegeln, ist darin spannend erzählt.

Ein schmales Bändchen, das gut ins Reisegepäck passt, ist *Spanien, Schlemmen & Genießen. Sprachführer für Feinschmecker*, Polyglott Verlag 2002. Mithilfe des gut durchdachten, übersichtlich gestalteten Büchleins werden Sie nicht nur Speisekarten-Spanisch mühelos entschlüsseln, sondern auch keine regionalen Spezialitäten verpassen, denn die sind jeweils mit Sternchen hervorgehoben und genau erklärt.

Besonders für Reisende an die Costa Blanca lesenswert: Corina König-Linek, *Paella-Impressionen. Kulinarische Streifzüge entlang der Costa Blanca*, C. N. Verlag 2004. Persönliche Erfahrungen der Autorin mischen sich darin mit Rezepten und allem Wissenswerten über den bekanntesten kulinarischen Export Spaniens, die *paella*.

Schließlich kann ich Ihnen die Krimis von Manuel Vásquez Montalbán empfehlen, dessen Titelheld, der Privatdetektiv Pepe Carvalho, ein Feinschmecker ist, der seinesgleichen sucht, und während der Aufklärung seiner Fälle keine Gelegenheit auslässt, fürstlich zu speisen und zu trinken. Montalbán, der leider 2003 verstorben ist, war ein passionierter Hobbykoch und hat die »Rezepte Pepe Carvalhos« in zwei, natürlich amüsant kommentierten, Kochbüchern veröffentlicht: *Die Küche der lässlichen Sünden* und *Unmoralische Rezepte*, beide 2001 (wieder)erschienen bei Piper.

Bezugsadressen:

Alle in diesem Buch verwendeten spanischen Zutaten, für die kein Ersatz angegeben ist, können Sie bestellen. Unter der Adresse www.genuss-aus-spanien.de gelangen Sie auf die Homepage eines Händlers aus Sant Cugat del Vallès (Katalonien), der Weine und Spirituosen, Schinken und Wurstspezialitäten, Käse, Konserven etc. anbietet. Bei www.jamon.de können Sie Schinkenspezialitäten und ein breites Sortiment an Fisch- und Gemüsekonserven, Essig und Öl, fertigen Saucen und *sofritos* bestellen. Dort bekommen Sie auch Zubehör wie *paella*-Pfannen und *cazuelitas*. *Turrón* und *membrillo* sowie eine Reihe von Weinen, Spirituosen, Konserven, Zubehör etc. finden Sie bei www.gourmondo.de unter der Rubrik »Spanien« oder bei www.spanien-shop.de.

Glossar

Um Ihnen den Einkauf und auch das Ersetzen von Zutaten zu erleichtern, finden Sie hier Hinweise und Kurzbeschreibungen für spanische Produkte.

blanco
Kurzbezeichnung für *vino blanco*, Weißwein; siehe auch Seite 153.

boquerones
Frische Sardellen, die entweder gegrillt oder *en vinagreta*, sauer eingelegt, serviert werden. Nicht zu verwechseln mit *anchoas*, gesalzenen und in Öl eingelegten Sardellen.

Cava
Spanischer Schaumwein, in Flaschengärung nach Champagner-Methode hergestellt; siehe auch Seite 153.

chorizo
Würzige Knoblauchwurst, die Sie bei Eintöpfen durch Kabanossi ersetzen können; siehe auch Seite 13.

cigalas
Kaisergranate, bei uns unter ihrem italienischen Namen *scampi* bekannt.

fideos
Fadennudeln; *fideos gruesos* sind kleine Hörnchennudeln.

flan
Pudding aus Eiern, Zucker und Milch, der im Wasserbad zubereitet wird.

jamón ibérico
Andalusischer luftgetrockneter Schinken mit exzellentem Aroma, der von schwarzen Schweinen gewonnen wird. Siehe Seite 13 und auch unter *pata negra* und *jamón serrano*.

jamón serrano (dt. Bergschinken)
Luftgetrockneter Schinken von weißen Schweinen (im Gegensatz zu *pata negra* und *jamón ibérico*; siehe dort und Seite 13).

langostinos
Riesengarnelen, die im Gegensatz zu *cigalas* keine Scheren besitzen.

lomo
Schweinelachs, die ausgelöste Schweinelende. Wird frisch zu Braten verarbeitet oder gesalzen und luftgetrocknet als *tapa* oder als Brötchenbelag verspeist. Siehe auch Seite 13.

manchego
Eigentlich *queso manchego*, Schafkäse aus der Region La Mancha; siehe auch Seite 13.

Manzanilla
Trockener Sherry mit leicht salzigem Aroma; siehe auch Seite 153.

manzanillas
Kleine grüne Oliven mit einem sehr milden, fruchtigen Aroma: Sie bekommen Sie bei uns in der Dose (siehe Bezugsadressen Seite 159).

membrillo (dt. Quitte)
Eine schnittfeste Paste aus Quitten und Zucker, die zu reifem Käse gereicht wird. Die fruchtige Säure hebt das Käsearoma. Ersatz: Quittengelee. Siehe auch Seite 22 und Bezugsadressen Seite 159.

miga
Weißbrotkrume. Meist wird die übrig gebliebene *miga* vom Vortag zum Andicken von Suppen und Saucen verwendet. *Migas* bezeichnet auch ein bäuerliches Gericht, bei dem eingeweichte Brotkrumen mit Zwiebeln, Speck und *chorizo* knusprig gebraten werden.

morcilla
Leicht süß schmeckende Blutwurst (aus Schweineblut), die Reis und Zwiebeln enthält. Es gibt keinen Ersatz (unsere Blutwurst schmeckt ganz anders). In diesem Buch wird sie bei den *callos a la madrileña* (Seite 75) verwendet, wo Sie sie auch einfach weglassen können. Siehe auch Seite 13.

Muskateller
Weiße Traubensorte, die in Andalusien kultiviert und aus der der gleichnamige Süßwein gewonnen wird.

ñoras
Aromatische, etwas süß schmeckende runde Paprikaschoten, die man getrocknet kauft und vor der Verwendung einweicht. Hierzulande sind sie schwer zu bekommen. Bringen Sie sich welche aus dem Urlaub mit (sie sind nahezu unbegrenzt haltbar) oder ersetzen Sie sie durch 1 EL edelsüßes Paprikapulver pro Schote.

paella-Reis
Spanischer Rundkornreis, den Sie durch Risotto-Reis (z. B. Arborio) ersetzen können.

pata negra (dt. schwarze Pfote)
Luftgetrockneter Schinken von schwarzen Schweinen; vgl. *jamón ibérico.* Siehe auch Seite 13.

picada
Im Mörser fein zerstoßene Masse meist aus Mandeln, Knoblauch, Brot und Gewürzen, die zum Andicken und Binden von Saucen verwendet wird; siehe Seite 16/17.

pimientos del piquillo
Schlanke rote Spitzpaprikaschoten mit außergewöhnlich würzigem Aroma. Werden gegrillt, gehäutet und gefüllt. Ersatz: *piquillo*-Paprikaschoten aus der Dose (siehe Bezugsadressen Seite 159) oder andere rote Spitzpaprikaschoten. Siehe auch Seite 11.

pinchos
Regional verwendeter Begriff für *tapas*, bei der die Miniportion eines Gerichtes auf einem Tellerchen, mit einem Holzspießchen (span. *pincho*) versehen, serviert wird.

ración
Mittelgroße *tapas*-Portion (etwa doppelt so viel wie ein *pincho).*

rosado
Spanischer Roséwein; siehe auch Seite 153.

Serranoschinken
siehe *jamón serrano*

sidra
Leicht moussierender Apfelwein mit geringem Alkoholgehalt, der vor allem in Nordspanien als Sommergetränk beliebt ist; siehe auch Seite 153.

sofrito
Ansatz aus Olivenöl, Knoblauch, Zwiebeln und Tomaten, eventuell mit Kräutern, Gewürzen und Gemüse angereichert (siehe Seite 16/17). In Spanien gibt es dafür eine Reihe von Fertigprodukten in der Dose (siehe auch bei den Online-Händlern unter Bezugsadressen Seite 159).

tinto
Kurzbezeichnung für *vino tinto*, Rotwein; siehe auch Seite 153.

turrón
Weihnachtsspezialität aus Mandeln, Zucker und Honig; *turrón duro imperial* enthält ganze Mandeln, *turrón blando* ist eine zart schmelzende, cremige Variante aus denselben Zutaten (siehe Bezugsadressen Seite 159).

Rezept- und Sachregister

Damit Sie Rezepte mit bestimmten Zutaten noch schneller finden können, stehen in diesem Register zusätzlich auch Hauptzutaten wie Mandeln, Paprikaschoten, Tomaten und charakteristische spanische Produkte wie *chorizo* und Serranoschinken – ebenfalls alphabetisch geordnet und hervorgehoben – über den entsprechenden Rezepten.

GENIESSERKÜCHE

...für alle, die das Echte schätzen

ISBN
3-7742-8855-0
19,90 € [D]

ISBN
3-7742-6643-3
19,90 € [D]

ISBN
3-7742-6644-1
19,90 € [D]

Köstliche Rezepte aus aller Welt entführen Auge und Gaumen auf eine kulinarische Reise rund um die Welt und verheißen Genuss pur.

GU

Willkommen im Leben.

Änderungen und Irrtum vorbehalten.

Die Autorin

MARGIT PROEBST studierte Kunstgeschichte und Philosophie in München. Ihr besonderes Interesse für die spanische Architektur und Skulptur führt sie seit vielen Jahren regelmäßig auf die Iberische Halbinsel. Wie nebenbei lernte sie auf ihren ausgedehnten Reisen die wunderbar vielseitige spanische Küche kennen und lieben. In diesem Buch stellt sie Ihnen einen Querschnitt ihrer Lieblingsrezepte aus den verschiedenen Regionen Spaniens vor. Sie arbeitet seit 1999 als Kochbuchautorin. Daneben betreibt sie einen kleinen Partyservice in München und übernimmt von Zeit zu Zeit Aufträge als Foodstylistin.

Der Fotograf

JÖRN RYNIO arbeitet als Fotograf in Hamburg. Zu seinen Auftraggebern gehören internationale Zeitschriften und nationale wie die FÜR SIE, Buchverlage und Werbeagenturen. Aus seinem Studio stammen alle Rezeptfotos in diesem Band. Tatkräftig unterstützt wurde er dabei von den Foodstylisten Petra Speckmann und Hermann Rottmann sowie Michaela Suchy (Requisitenstyling/Arrangement).

Bildnachweis

FOODFOTOGRAFIE UND TITELBILD:
Jörn Rynio, Hamburg
außer S. 15 re: Stockfood, München
REPORTAGENFOTOGRAFIE:
Günter Beer, Barcelona: S. 2, 6, 8, 9, 69, 74, 134, 151 oben, 152 oben
Bildagentur Steffan & Steffan, München: S. 62, 138

PROGRAMMLEITUNG: Doris Birk
LEITENDE REDAKTEURIN: Birgit Rademacker
KONZEPT UND REDAKTION: Stefanie Poziombka
LEKTORAT: Saskia Nickles
KORREKTORAT: Susanne Elbert
LAYOUT, TYPOGRAPHIE, UMSCHLAGGESTALTUNG: independent Medien-Design, München
HERSTELLUNG: Susanne Mühldorfer
SATZ: Filmsatz Schröter, München
REPRODUKTION: Repro Ludwig, Zell a. See
DRUCK: Appl, Wemding
BINDUNG: Conzella, München

ISBN (10) 3-7742-8830-5
ISBN (13) 978-3-7742-8830-0

Auflage	4.	3.	2.	1.
Jahr	2008	07	06	05

DAS ORIGINAL MIT GARANTIE

IHRE MEINUNG IST UNS WICHTIG. Deshalb möchten wir Ihre Kritik, gerne aber auch Ihr Lob erfahren. Um als führender Ratgeberverlag für Sie noch besser zu werden. Darum: schreiben Sie uns! Wir freuen uns auf Ihre Post und wünschen Ihnen viel Spaß mit Ihrem GU-Ratgeber.

UNSERE GARANTIE: Sollte ein GU-Ratgeber einmal einen Fehler enthalten, schicken Sie uns das Buch mit einem kleinen Hinweis und der Quittung innerhalb von sechs Monaten nach dem Kauf zurück. Wir tauschen Ihnen den GU-Ratgeber gegen einen anderen zum gleichen oder ähnlichen Thema um.

Ihr
GRÄFE UND UNZER VERLAG
Redaktion Kochen & Verwöhnen
Postfach 860325
81630 München
Fax: 089/41981-113
e-mail: leserservice@graefe-und-unzer.de

GRÄFE UND UNZER

Ein Unternehmen der
GANSKE VERLAGSGRUPPE